불가능한 기독교

Impossible Christianity: Why Following Jesus Does Not Mean You Have to Change the World, Be an Expert in Everything, Accept Spiritual Failure, and Feel Miserable Pretty Much All the Time
Copyright © 2023 by Kevin DeYoung
Published by Crossway, a publishing ministry of Good News Publishers
Wheaton, Illinois 60187, U.S.A.

This edition published by arrangement with Crossway through rMaeng2, Seoul, Republic of Korea. All rights reserved.

이 한국어판의 저작권은 알맹2를 통하여 Crossway와 독점 계약한 뎀북에 있습니다.
신 저작권법에 의하여 한국 내에서 보호 받는 저작물이므로 무단 전재와 무단 복제를 금합니다.

불가능한 기독교

예수님을 따른다고 해서 세상을 바꿔야 하는 것은 아니다. 모든 분야의 전문가가 되어야 하는 것도 아니며, 스스로 영적 실패자임을 인정하고 항상 비참해져야 하는 것도 아니다.

케빈 드영 지음 | 홍종락 옮김

템북

추천사

어렸을 때부터 읽은 케빈 드영의 글은 내가 세상을 바라보는 식견을 넓히고 하나님의 말씀을 이해하는 데 도움을 주었다. 이 책은 우리의 고정관념에 도전장을 내밀고 몇 가지 오해를 바로잡아준다.

- **콜린 핸슨**, 복음연합(TGC)의 콘텐츠 부문 부대표 및 편집장이자 켈러문화변증센터 이사

이 책의 책장을 덮을 때쯤이면 축복의 진정한 의미를 깨닫게 될 것이다. 우리를 구원하신 주님께 일상 속에서 순종하는 삶을 살도록 돕는 책이다. 우리 삶에서 일어나는 그리스도의 부르심은 결코 단순하지 않지만 저자는 그 부르심을 단순하게, 그리고 무엇보다 성경적으로 해석한다.

- **캐서린 닐슨**, 작가이자 강연가

그리스도인의 삶에 대해 이야기하는 것은 어려운 문제다. 그러나 저자는 반대 의견과 까다로운 문제들에 정면으로 맞서며 우리 대부분 직면하기를 꺼려하는 문제를 수면 위로 끌어올린다. 그의 의견에 동의하지 않는다면 성경적인 근거를 제시해야 할 것이며, 이는 결코 쉽지 않을 것이다. 이 책은 한동안 많은 사람에게 회자될 것이다. 탁월하고 명확하며, 솔직하고 흥미롭다.

- **데릭 토머스**, 리폼드신학교 교수이자 목회자, 작가

이 책은 죄책감과 불편한 양심이 정상이라고 (심지어 옳다고) 믿고, 그러한 불쾌한 감정이 자신의 선함을 증명하는 일종의 증거라고 여기는 그리스도인을 위한 것이다. 저자는 예수님이 우리를 자유롭게 하셨음을, 그래서 우리가 깨끗한 양심으로 선하신 아버지를 기쁘시게 할 수 있음을 상기한다. 하나님은 자녀들의 평범한 노력에도 미소를 지으신다.

- **아비가일 도즈**, 작가

부모님에게 이 책을 바칩니다.

그리스도와 교회를 사랑하시고,

자녀들을 사랑하시고,

서로를 사랑하신

두 분에게 감사드립니다.

차례

서론
기독교는 원래 불가능하게 느껴져야 하는가?   11

1장
기독교를 가능하게 만드는 법, 불가능하게 만드는 법   25

2장
세상을 이기는 사람은 누구인가?   43

3장
"결코 충분하지 않아"   67

4장
바늘귀를 통과한 낙타   87

5장
죄책감을 먹고 자라는 죄책감 　　　　　　　　　　109

6장
축복과 고통의 산상설교 　　　　　　　　　　　　129

7장
부탁과 감사 　　　　　　　　　　　　　　　　　145

8장
조용한 삶 　　　　　　　　　　　　　　　　　　167

일반 색인 　　　　　　　　　　　　　　　　　　183
성경 색인 　　　　　　　　　　　　　　　　　　187

서론

기독교는 원래 불가능하게 느껴져야 하는가?

나는 늘 달리기를 좋아했다. 달리기가 항상 내 마음을 받아준 것은 아니지만 말이다.

지금의 내 엄청난 체격을 보면 상상하기 어렵겠지만, 나는 어릴 때 운동을 썩 잘하지 못했다. 야구시합에서 우익수를 많이 했고 대부분의 경기 시간을 모자에 풀을 꽂으며 보냈다(동네 야구에서 우익은 공이 잘 안 가는 위치다. 그리로 공을 멀리 날려 보낼 왼손 타자가 드물기 때문이다.—역주). 축구에서는 골키퍼를 했는데 골대 한참 안쪽에 서 있는 바람에 내가 잡은 공은 다 이미 골이었다. 1년 동안 미식축구를 했는데 누구와도 몸이 닿은 적이 없다(공격수였다면 대단한 성과였겠지만 나는 수비 담당이었다). 교내 농구대회에서는 두 손목이 다 골절되었고, 하키를 하면서는 몇 번이나 뇌진탕을 겪었다. 킥볼(발야구와 피구를 합친 변형 발야구. 투수가 굴린 공을 발로 차고 반대편 안전지대까지 갔다가 다시 돌아오면 1점을 얻는 게임—역주)에선 삼진 아웃도 당했던 것 같다.

그러나 달리기는 나쁘지 않았다. 내가 어렸을 때, 그러니까 아이들이 인생에서 처참한 실패를 경험하는 것을 부모와 교사들이 덜 우려하던 시절에, 우리는 대통령령으로 정한 체력 시험을 매년 치러야 했다. 그 시험은, 적어도 우리 학교에서는 팔굽혀펴기, 윗몸일으키기, 턱걸이, 제자리멀리뛰기, 외줄오르기, 유연성 테스트, 1,600미터 달리기로 구성되었다. 우리 학년의 다른 남자아이들과 비교했을 때, 나는 대부분의 종목에서 평균에 못 미쳤다. 그 중에서도 외줄오르기가 최악이었다. 그런데 1,600미터 달리기에서는 선두 그룹 안에 들었다. 전반적으로 중간쯤 되는 성적을 갖고 있으면서도 레이건 대통령이 내 체력을 알아봐주기를 간절히 바랐던 나는 그때 기쁨과 놀라움을 동시에 느꼈다.

그날 오후, 달리기를 나의 주 종목으로 삼기로 마음먹었다. 대부분의 청년들이 NBA나 NFL에서 프로 선수로 뛰고 싶다는 꿈을 꾸지만 나의 꿈은 1,600미터 계주의 마지막 주자로 나서서 뒤처진 경기를 역전시켜 미국 대표팀에 금메달을 안겨주는 것이었다. 나는 항상 경주의 출발선에 서서 내가 주위의 어느 누구보다 빠르게 뛸 수 있다는 것을 아는 기분을 맛보고 싶었다. 하지만 실제로 그런 기분을 느껴 본 적은 없다. 그것은 현실과 거리가 먼 일이었다.

에릭 리델(Eric Liddel, 1902-1945, 스코틀랜드의 육상선수이자 선교사)은 달릴 때 하나님이 기뻐하시는 것을 느꼈다는데, 나는 종종 하나님이 내게 "너의 본업에 충실해라" 하고 말씀하시는 것을 느꼈다. 하지만 나는 초등학교 야구장과 축구장 주위를 달리면서 운동을 즐기는 대부분의 또래 남자아이들보다 빠르다는 데서 느끼던 자부심을 잊지 못한다.

이것은 35년 전의 일이다. 그 이후 나는 열심히 달렸지만 미미한 성공만 거두었다. 중학생이 되고서는 내 인생에서 제대로 달리는 첫 번째 시즌을 맞이하기 위해 미시건의 추운 겨울 내내 달렸다. 8학년(4년제 고등학교의 1학년) 때 800미터 달리기에서 2분 35초를 찍었다. 내가 다니던 큰 공립 고등학교의 기록을 죽 훑어보았더니 1분 55초가 최고 기록이었다. 나는 그것을 4년 안에 도달할 목표로 삼았다. 1년에 10초씩 줄이면 4학년 때 학교 신기록을 갖게 될 터였다. 1학년과 2학년 때는 목표를 달성했다. 그런데 그게 다였다. 막상 해보니 마지막 20초는 처음 20초보다 줄이기가 훨씬 힘들었다.

나는 훈련과 노력과 타고난 마른 (내가 선호하는 표현을 쓰자면 '탄탄한') 몸에 힘입어, 가끔 이류 주자들 사이에서 일등을 했고, 일류 주자들 중 마지막에 들기도 했다. 고등학교 2학년 때는 크로스컨트리 경주의 지역 대표 2군에 뽑혔지만 부상을 당하는 바람에 중도 하차해야 했다. 트랙경기에서는 내 실력이 너무 '좋아서' 모든 종목을 적어도 한 번씩은 뛰어봤던 것 같다. 마침내 나는 110미터 고장애물 경주로 마음을 정했다. 내 긴 다리와 적절한 체형이 타고난 스피드 부분을 보완해줄 수 있는 분야라고 생각했던 것이다.

대학에 진학한 뒤 두 번의 경주에서 이겼고 1년간 경기에 참가했다. 아쉽게도 그 학교가 전미대학체육협회(NCAA) 3부 리그 소속이긴 했지만, 어쨌든 나는 NCAA 마크 착용이 허락된 선수였다. 이 사실을 가족에게 몇 번이나 이야기했지만 다들 아무런 관심도 보이지 않았다. 연맹에서 주최하는 장애물 경주에서 결승전까지 올랐지만 결국 꼴찌를 했다. 앞서 말했다시피, 일류 주자들 사이에서 나는 꼴찌였다.

이제 누가 봐도 중년이 확실한 나는 여전히 달리고 운동도 꾸준히 한다. 그동안 달리기에 대한 책을 수십 권 읽었다. 관련 유튜브 영상도 수십 편 보았고 육상 트랙경기와 필드경기를 TV로 시청했다. 그 횟수는 말 그대로 내가 아는 누구보다 많을 것이다.

나는 신발부터 모자, 러닝셔츠, 기능성 양말, 짧은 (아내는 너무 짧다고 한다) 반바지까지 수많은 달리기 장비를 구입했다. 다양한 거리의 도로레이스와 철인3종경기에 참여해서 내 또래에서 거의 선두로 경기를 마치기도 하고, 간신히 완주하기도 했다. 추수감사절에 겨우 소파에서 내려와 터키 트로트(turkey trot, 미국 추수감사절 주간에 칠면조 복장을 하고 1마일을 달리는 대회)에 참가하는 사람과 비교한다면 나는 상당히 잘 달린다. 하지만 진짜 주자들에 비하면 제대로 된 선수가 아니다. 한정된 시간과 능력과 기회가 허락하는 만큼 최선을 다할 뿐이다. 그래도 5킬로미터를 주파하는 속도가 향후 30년 동안 전혀 느려지지 않는다면 나의 달리기는 동년배들 중 세계 최고 수준이 될 것이다. 이 얼마나 좋은 소식인가.

가능한 기독교

여기까지 읽은 사람 중에서 '달리기 이야기를 더 들려줘요, 제발!'이라고 생각하는 사람도 없지는 않겠지만, 99퍼센트는 내가 발목을 삐어서 초등학교 시절에 1,600미터 달리기를 완주하지 못했다면 차라리 나았을 거라고 생각할 것이다(걱정 마시라. 나는 발목을 많이도 접질렸으니까). 그러나 믿거나 말거나, 나의 달리기 경험은 이 책의 제목과 많은 관련이 있다. 많은 그리스도인이 예수님의 제자가 되는 일은 나의 35년 달리기 여정과 상당히 비슷할 거라고 생각하게 (그리고 받아들이게) 되었다. 책을 읽는다, 영상을 시청한다, 제대로 된 장비를 갖춘다, 훈련된 상태로 살려고 노력한다, 점점 나아지려고 노력한다, 그러나 우리가 이루는 것은 미미한 성공뿐이다.

여러분은 여러 해 동안, 어쩌면 어렸을 때부터 예수님을 따라왔을 것이다. 가끔 자신이 승리자처럼 느껴질 때도 있겠지만, 대체로는 평균적인 신자 또는 평균에 못 미치는 신자라고 느낄 것이다. 여러분은 그리스도인으로 살기를 중단할 마음은 없다. 그리스도인이 되는 일의 중요함을 아다. 사실, 그것은 인생에서 가장 중요한 일이다. 여러분은 그리스도인으로 살아가는 것이 좋고, 더 나은 그리스도인이 되려고 열심히 노력할 의향도 있다. 문제는 단 하나, 기독교가 불가능해보인다는 것이다.

중요한 설명을 서둘러 추가해야겠다. 여러분이 이 책에서 다루는 내용을 오해하는 일이 없도록 말이다. 여러분은 이렇게 생각할 수 있다. '아, 그러니까 이 책은 믿음으로만 의롭다 함을 받는다는 것을 다루고, 복음이 어떻게 지친 사람들에게 좋은 소식이 되는지 말하고, 우리가 영적 실패자일 때도 하나님이 우리를 사랑하신다고 알려주는 또 한 권의 책이구나.' 그렇지 않다. 나는 믿음으로만 의롭다 함을 받는다고 분명히 믿는다. 온 마음과 목숨과 지성과 힘을 다해 믿는다. 또한 지친 사람들에게 복음이 좋은 소식이라는 것도 분명히 믿는다. 우리 중 많은 이가 기진맥진한 상태다. 그러나 그것은 이 책이 다루는 내용이 아니다. 적어도 직접적으로 다루지는 않는다.

이 책은 내가 바로 위에서 짐작해본 독자의 생각 중 마지막 대목, 즉 '우리가 영적 실패자일 때도 하나님이 우리를 사랑하신다'는 내용을 다룬다. 이 책은 그 말이 아무리 좋은 의도에서 나왔더라도 비성경적이고 부정확하며 우리에게 도움이 안 된다는 것을 밝힌다.

우리는 예수님을 따르는 것이 무엇을 의미하는지 때때로 혼란스러워한다. 우리가 뭔가를 잘해서 하나님의 칭찬을 받아낼 수 없다는 것은 분명하다. 타락한 피조물인 우리가 천국에 가기에 충분할 정도로 선해지는 일은 절대 없을 것이다. 구원은 처음부터 끝까지 오로지 은혜다. 그러나 하나님의 은혜를 기뻐한다는 말이 영적 실패자가 되는 것을 기뻐해야 한다는 의미는 아니다. 하나님은 우리가 늘 낙담한 채로 있는 것을 원하시지 않는다. 우리가 활기 없는 제자가 되는 것을 원하시지 않는다. 우리가 끊임없이 짓눌려 있고 늘 죄책감을 안고 사는 상황을 원하시지 않는다. 하나님은 기독교가 불가능한 것이 되기를 원하시지 않는다.

많은 그리스도인이 체념하고 예수님을 따르는 일에서 실패할 거라는 사실을 받아들인다. 적어도 그들의 눈에는 그것이 사실처럼 보인다. 용서받았는가? 그렇다. 의롭다 함을 받았는가? 그렇다. 천국으로 가는 길인가? 그렇다. 그러나 제자이자 그리스도인으로서는 특별한 것이 없다. 나의 달리기 경력과 비슷하게, 우리는 열심히 노력할 것이고 몇 가지 소박한 성과는 거둘 것이다. 한정된 시간과 능력과 기회가 허락하는 대로 최선을 다할 것이다.

하지만 참으로 성공하는 데 필요한 재능은 결코 갖지 못할 것이다. 우리는 십계명을 완벽하게 지키지 못할 것이다. 산상수훈을 온전히 실천하며 살지 못할 것이다. 충분히 기도하지 못할 것이다. 충분히 헌금하지 못할 것이다. 신앙을 충분히 나누지 못할 것이다. 우리의 도시를 새롭게 하지 못할 것이다. 나라를 병들게 하는 모든 것을 바로잡지 못할 것이다. 세상을 변화시키지 못할 것이다.

그리스도를 따르는 일은 결코 쉽지 않다. 하지만 그 일이 도저히 이해할 수 없는 것 또는 극도로 복잡하거나 강한 죄책감을 양산하는 것이 될 필요는 없다.

우리 보통 사람들은 하나님의 뜻 안에서 행할 수 있고(『왜 우리는 하나님의 인도를 바르게 받아야 하는가』, 부흥과개혁사, 2011), 거룩한 삶을 살 수 있고(『그리스도인의 구멍 난 거룩』, 생명의말씀사, 2013), 그 과정에서 늘 정신없이 서두를 필요가 없다(『미친 듯이 바쁜』, 부흥과개혁사, 2013). 보통의 교회들은 우리가 소중하게 여길 만한 가치가 있고(『왜 우리는 지역 교회를 사랑하는가』, 부흥과개혁사, 2010), 해 아래 모든 일이 교회의 사명은 아니다(『교회의 선교란 무엇인가』, 부흥과개혁사, 2019). 평범한 그리스도인들과 평범한 교회들은 신실하게 살아가면서 열매 맺고 하나님을 기쁘시게 할 수 있다. 한마디로, 기독교는 불가능한 것이 될 필요가 없다.

우리 모두 참여해야 하는 경주

최근, 열 살배기 딸이 또래 친구들과 함께 지역에서 열린 5킬로미터 달리기 경주에 참가했다. 아이들은 생애 첫 번째 경주를 앞두고 극도로 흥분하고 긴장했다. 딸아이가 경주에 참가하러 가기 전, 나는 아이의 눈을 똑바로 보면서 농담 반 진담 반이라는 것을 알리고자 없는 열정까지 짐짓 만들어내어 이렇게 말했다. "세 가지만 기억해라. 예수님이 널 사랑하신다. 아빠가 널 사랑한다. 너는 드영 가문 사람이다." 내가 아이를 자랑스러워한다는 것과 아이가 잘해 낼 것임을 알리는 아빠 특유의 과장된 표현방식이었다. 물론 아이는 올림픽 출전 자격을 얻지 못했고, 참가자 중 제일 빠르지도 않았다. 달리다 말고 중간에 한두 번은 걷기도 했다. 그러나 아이는 분명 잘해냈다. 실패자가 아니었다. 내가 아이에게 사랑한다고 말하고 그렇게 먼 거리를 어떻게 그렇게 빨리 달렸느냐고 칭찬한 것은 거짓말이 아니었다. 아빠가 어린 딸에게 달리 무슨 말을 하겠는가.

아이가 계속 달린다면 분명 더 잘 하려고 노력하게 될 것이다. 어쩌면 남자 형제들보다 잘 뛰게 될 수도 있다. 하지만 달리는 무리 중에서 가장 늦게 들어올 수도 있다. 어느 쪽이든, 아이가 올바른 이유에서 올바른 방식으로 달린다면 나는 자랑스러울 것이다. 내가 보는 아이는 실패자가 아닐 것이다. 이처럼 우리도 하나님이 우리를 실패자로 여기시는 것처럼 살 필요가 없다. 하나님은 은혜로 우리를 구원하시고 우리에게 새 이름을 주신다. 그리고 구름 떼와 같은 많은 증인이 늘어서서 응원하고 있으니 모든 무거운 짐을 벗어버리고 우리 앞에 놓인 경주에서 달리라고 말씀하신다(히 12:1).

그리스도를 따르면 고난과 인내가 뒤따라온다. 그리스도의 제자로 살라는 소명은 자신에 대해 죽으라는 값비싼 (그리고 해방을 안겨주는) 부름이다. 기독교는 단순하지 않다. 고통에서 자유롭지도 않다. 그러나 예수님을 따르는 일이 불가능한 임무를 떠맡는 것은 아니다. 겸손은 우리가 늘 비참함 가운데 있어야 한다는 의미가 아니다. 온유함은 영적 패배주의와 다르다. 성령이 우리 안에서 일하신다. 말씀이 우리 안에서 움직인다. 그리스도의 사랑이 우리를 강권한다. "세상을 이기는 사람은 누구입니까? 예수가 하나님의 아들이심을 믿는 사람이 아니고 누구겠습니까?"(요일 5:5, 새번역).

우리 그리스도인들에게는 달려야 할 경주가 있고, 그 경주에서 달릴 수 있다. 이것은 바울의 여러 편지에 거듭 등장하는 주제이다(그러니 달리기 비유가 맘에 들지 않는다면, 바울을 탓하시라). 바울은 훈련과 자제력을 통해 목표를 향해 달렸다. 그는 자신이 경주에서 시원찮게 달릴 수 있다는 것을 알았지만, 실격자가 되어 퇴장당하지 않는 법 또한 알고 있었다(고전 9:26-27). 죄와 투쟁으로 가득한 불완전한 삶이었지만 바울은 인생의 끝에 이르렀을 때 자신이 선한 싸움을 싸웠고, 경주를 마쳤고, 믿음을 지켰다고 주저 없이 말했다(딤후 4:7). 이 "죄인 중에 괴수"는 자신을 위해 의의 면류관이 예비되어 있다는 것과, 의로운 재판장이신 주님이 그 날에 면류관을 주실 것이고, 자신만이 아니라 주님의 나타

나심을 사모하는 모든 사람에게 주실 것임을 알았다(4:8).

바울은 그리스도인의 경주를 소수의 적자(適者)만이 살아남는 절망적인 미궁이나 울트라마라톤으로 여기지 않았다. 그는 자신이 참여한 경주, 자신이 완주한 경주가 특권이라고 믿었다. 그리고 그 경주가 가능하다고 믿었다.

1장

기독교를 가능하게 만드는 법,
불가능하게 만드는 법

〈불의 전차〉(영국, 1981)는 내가 가장 좋아하는 영화다. 달리기와 선교와 스코틀랜드 억양의 조합을 어떻게 좋아하지 않을 수 있겠는가. 〈불의 전차〉가 불변의 최애 영화라면, 〈꼬마 돼지 베이브〉(미국, 2000)는 내가 좋아하는 영화 열 손가락 안에 든다.

농장에서 기르는 돼지 베이브는 목양견(양몰이 개)이 되고 싶어 한다. 다른 동물들이 베이브를 무시하고, 목양견 업계 사람들은 베이브를 골칫거리로 여기지만, 주인인 농부 호겟만은 베이브를 믿는다. 영화의 절정부에서 호겟은 양몰이 대회에 베이브를 참가 선수로 등록한다. 모든 상황이 베이브에게 불리하다. 농부의 아내는 몹시 당황하고, 관중은 조롱하며 웃음을 터뜨리고, 심판들은 베이브의 대회 참가를 마지못해 허락한다. 가엾은 돼지 베이브는 양몰이에 어려움을 겪지만, 농장의 목양견 렉스가 집으로 달려가 양들에게 말을 걸 수 있는 비밀 암호를 알아낸 다음 돌아와서 베이브에게 알려준다(자, 그러니까 실제 사건을 토대로 만든 작품은 아닐 것이다).

영화의 결말은 더없이 완벽하다. 베이브는 대단한 인내와 친절을 발휘하여 양들에게 말을 걸고 양들은 베이브의 목소리를 따른다. 거친 양들이 베이브의 지시를 완벽하게 수행한다. 양들이 우리로 돌아가고 그 뒤로 문이 딸깍하고 닫히자, 관중의 환호와 박수갈채가 터져 나온다. 마지막 장면에서 베이브는 호겟과 나란히 앉아 있다. 돼지는 주인을 올려다보고 주인은 특별한 목양견을 내려다본다. 그때 호겟이 만족스럽게 씩 웃으며 이렇게 말하고 영화가 끝난다. "잘했다, 돼지야. 잘했어."

잘하였도다, 착하고 충성된 종아

이 책은 그리스도인들이 하나님 아버지께서 내려다보고 웃으시면서 "잘했다, 내 아이야. 잘했어"라고 말씀하실 수 있게 사는 것이 가능한지를 다룬다.

우리는 하나님이 우리를 그리스도 안에서 받아주시다

는 것과 우리가 믿음으로 의롭다 함을 받을 수 있다는 것, 그리스도의 십자가 희생 때문에 죄를 용서받을 수 있다는 것을 안다. 그러나 이 책은 천국에 가는 문제를 다루지 않는다. 이 책의 주제는 천국으로 가는 길에 있는 우리가 죄책감과 불가능한 기준, 실패 등으로 얼룩진 삶에서 벗어나지 못할 운명인가 하는 것이다. 그리스도인은 죄를 용서받을 뿐 아니라 용서받은 자로서의 삶을 신실하게 살 수 있을까? 그래서 천국의 해변에 도착했을 때 하나님이 "잘하였도다!"라는 말씀으로 맞아주실 수 있을까?

우리는 이것이 가능하다는 것을 안다. 성경이 그렇게 말하기 때문이다. 달란트 비유에서 예수님은 여행을 떠나면서 종들에게 재산을 맡기는 사람의 이야기를 들려주신다(마 25:14-30). 주인은 한 종에게 다섯 달란트를, 또 다른 종에게는 두 달란트를, 세 번째 종에게는 한 달란트를 주었다(여기서 달란트는 능력이 아니라 화폐 단위를 말한다는 것을 기억하자). 오랜 시간이 지난 후, 주인이 돌아와서 종들과 결산을 했다. 다섯 달란트를 받은 첫 번째 종은 다섯 달란트를 추가로 벌었다. 두 번째 종도 두 달란트를 벌었다. 그러나 주인이 강압적으로 무리한 요구를 한다고 생각한 세 번째 종은 두려운 나머지 자신이 받은 것을 적어도 잃지는 않으려고 땅에 묻어두었다. 처음 두 종들에게 주인은 이렇게 선언한다. "잘하였도다 착하고 충성된 종아"(25:21, 23). 그러나 세 번째 종은 "악하고 게으른 종"이라고 부른다(25:26).

이 비유에 관한 세 가지 내용을 주목해보자.

첫째, 이것은 목사나 선교사, 세계적으로 유명한 그리스도인들(만)을 위한 이야기가 아니다. 하나님 나라에서의 삶(마 25:1)과 하나님이 말세에 우리를 어떻게 평가하실지(25:13)에 관한 이야기다. "잘하였도다"라는 칭찬을 들은 이들은 소수의 엄선된 급진적 신자들이 아니라 평범한 그리스도인들이다.

둘째, 두 착한 종은 자신들이 받은 것으로 충성을 다했다고 칭찬을 받았다. 첫 번째 종은 다섯 달란트를 벌었고 두 번째 종은 두 달란트를 벌었지만 동일한 칭찬을 받았다. 주인은 그들이 할 수 없는 일을 기대하지 않았다. 주인은 그들이 주어진 기회를 가지고 충성을 다하는 것 이상을 요구하지 않았고, 그 이하도 기대하지 않았다.

셋째, 마지막 종은 자신이 섬기는 주인이 아주 난감한 인물이라고 생각했기 때문에 바른 길에서 이탈했다. 주인이 까다롭고 불공평하다고 여기면 그 때문에 훨씬 더 열심히 일할 거라고 생각할 수 있지만, 그 종은 반대로 두려움 때문에 게을러졌다. 그는 열심히 일하지 않았다. 창의적으로 생각하지 않았다. 자신이 받은 것으로 최선을 다하지 않았다. 그 대신, 몸을 사렸다. 실패할 가능성이 높다는 걸 알고는 시도조차 하지 않았다.

이 모두는 우리에게 중요한 교훈이 된다. 예수님의 제자가 되는 일이 쉽지는 않다. 하지만 기독교가 불가능하다고 생각하게 되면, 그리스도를 위해 더 많이 일하기는커녕 오히려 몸을 사리게 된다. 제대로 싸워보지도 않고 포기한다. 하나님이 재판장으로서 우리에게 무죄를 선고하실지라도, 아버지로서는 우리에게 절대 만족하실 수 없을 거라고 생각하기 때문이다. 물론 비유 속 주인은 냉혹한 주인이라는 평판을 인정했지만, 그것은 은행에 돈을 맡기는 일조차도 하지 않은 종을 부끄럽게 하려는 것이었다. 그가 정말 주인을 무서워했다면 그 정도는 해야 했다. 앞의 두 종에게는 주인이 혹독하고 불합리하다거나, 그들이 주인을 그런 사람으로 여겼다는 암시를 찾아볼 수 없다. 그들이 경험한 주인은 너그러웠고 격려와 보상을 아끼지 않았다. 그들은 주인을 두려워하며 살지 않았다. 그들은 충성스러운 종이었다. 우리처럼 주인이 웃으면서 "잘했다, 친구들. 잘했어"라고 말하는 일이 가능하다는 것을 알았다.

여행을 위한 가드레일

기독교 제자도는 그리스도인들이 자신은 무슨 일이든 오해하기 일쑤에다 옳은 일을 제대로 해내는 법이 없는 만년 D등급 추종자라고 생각하게 만들려고 작심하고 구상된 것이 아니다. 하지만 많은 그리스도인은 이것을 기독교의 본질에 따른 자신의 운명이라고 받아들인다. 그래서 우리의 생각은 이렇게 돌아간다. '우리에게는 순종해야 할 계명이 있지만 절대 순종하지 못할 것이다. 우리에게는 주어진 시간에 다 해낼 수 없을 만큼 많은 영적 과제가 있다. 매일 성경을 읽는 일은 쉽지 않고, 기도는 더더욱 잘하지 못한다. 전도를 충분히 하지 않고 헌금도 충분히 하지 않는다. 우리는 조상들의 죄책을 짊어지고 살아가지만 그것을 없애기 위해 할 수 있는 일이 없다. 하나님이 우리 같은 죄인들을 의롭게 여겨주시지만 우리가 이 세상에서 하는 일은 죄 짓는 것뿐이다. 하나님은 우리를 용서하실지 모르지만 좋아하시지는 않는다. 지복직관(至福直觀, 하나님을 직접 뵙는 것)은 나중 일이고, 지금 우리 앞에는 불가피한 실패만이 놓여 있다.'

어쩌다 이렇게 되었을까?

우리가 기독교에 대해 이렇게 생각하게 된 이유 중 하나는 분명히 정리해두고 싶은 다른 진리들 때문이다. 즉, 기독교가 불가능한 종교가 된 이유는 상당 부분 그 많은 진리를 모두 강조하려는 좋은 의도 때문이다. 문제는 그 진리들을 다 합쳐놓고 보면, 기독교를 불가능한 것으로 만들어야만 독실한 경건을 유지할 수 있는 것처럼 보인다는 것이다. 물론 기독교를 '가능한' 종교로 만드는 잘못된 방식들이 있다. 주의하지 않으면 기독교 신앙 및 기독교에서 말하는 순종과 구원을 실제에 못 미치는 방식으로 생각하는 결과가 나올 수 있다. 그래서 불가능한 기독교에 반대하는 주장을 펼치기에 앞서 가드레일을 세우려고 한다. 진실을 못 보게 막는 벽이 아니라 진리로 이어지는 좁은 길에서 이탈하지 않게 해주는 가드레일 말이다.

이 점을 염두에 두면서, 내가 이 책에서 말하고자 하는 바가 **아닌** 일곱 가지 오류를 소개하고자 한다.

오류 1. 우리는 천국에 들어갈 만큼 선해질 수 있다

이 문제에 대한 성경의 입장은 너무나 분명하다. 그리스도 외에는 그 누구도, 단 한 사람도 의롭지 않다(롬 3:10). 모두가 죄를 짓고 하나님의 영광에 미치지 못한다(3:23). 결과적으로 "사람이 의롭다 하심을 얻는 것은 율법의 행위에 있지 않고 믿음으로 되는"(3:28) 것이다. 영국의 신학자이자 설교자인 조지 휘트필드(George Whitefield)가 말한 대로, 우리의 행위로 의롭다 하심을 받는 것보다는 모래로 만든 줄을 타고 달까지 오르는 것이 더 빠를 것이다. 우리는 모두 죄책과 부패를 물려받은 채 이 세상에 태어난다(롬 5:12-21).

우리는 하나님의 주권적이고 일방적인 주도로 다시 태어나야 한다(요 1:12-13, 3:5, 6:44). '기독교가 가능하다'는 말의 뜻은 우리의 공로로 영생을 얻을 수 있다거나 우리를 위한 그리스도의 완성된 사역에 무언가를 더할 수 있다는 것이 아니다. 만약 내가 그런 말을 한다면 저주를 받아 마땅하다(갈 1:8). 우리는 믿음으로 말미암아 은혜로 구원을 얻는다. 구원은 우리가 하는 일이 아니다. 구원은 하나님의 선물이지 선행의 결과가 아니다. 그러니 누구도 자랑할 수 없다(엡 2:8-9).

오류 2. 그리스도인들은 완전해질 수 있다

대학 시절, 친구들과 수업을 받으러 가는 길에 거리의 한 설교자가 우리에게 다가와 회개하고 주 예수 그리스도를 믿으라고 말한 적이 있다. 나는 그 사람에게 감사하고 싶다. 그는 이상한 사람이 아니었고, 그가 말한 내용은 상당 부분 참된 것이었다. 그는 죄를 심각하게 여겼고 죄에서 돌이켜 예수님을 믿으라고 촉구했다. 그러면서 완전주의의 메시지도 전했다. 그는 참된 그리스도인은 의식적으로 짓는 죄를 피할 수 있고 피해야 한다고 단호하게 주장했다. 그것은 이 책이 전하려는 바가 절대 **아니다**.

성경은 "선을 행하고 전혀 죄를 범하지 아니하는 의인은 세상에 없"(전 7:20)다고 말한다. 의인이 있기는커녕, "우리가 죄가 없다고 말하면, 우리는 자기를 속이는 것이요, 진리가 우리 속에 없는 것"(요일 1:8, 새번역)이다. 우리는 **참으로** 선한 일을 할 수 있지만, 지상에서는 그 일을 온전하고 완벽하게 할 수 없다. 사실, 예수님께 더 가까이 갈수록 우리의 죄는 더욱 선명해진다.

오류 3. 죄는 대수로운 것이 아니다

위의 두 가지 오류와는 정반대로, 죄는 염려할 거리가 아니라고 생각하는 (또는 암묵적으로 그렇게 가르치는) 그리스도인들도 있다. 하나님은 분명히 죄를 좋아하지 않으시고, 그럴 수만 있다면 우리가 죄를 짓지 않기를 원하신다. 그러나 우리가 죄를 지으면 우리 머리를 헝클어트리시고 짓궂은 미소를 지으시며 마치 이렇게 말씀하시는 것 같다. "바보 같은 녀석, 다음번엔 더 주의해라."

이런 생각은 오랫동안 교회 안의 위험거리였다. 사람들은 종종 이런 태도를 '법에 반대한다'는 의미의 '반(反)율법주의'로 불렀다. 역사적으로 볼 때, 하나님의 명령을 무시할 수 있다거나 죄를 지어도 괜찮다고 가르친 반율법주의자는 거의 없었다. 반율법주의는 명시적 가르침이라기보다는, 의롭다 함을 받은 신자에게도 요구되는 순종의 필요성(그리고 가능성)과 죄의 심각성을 경시하는 태도에 가까웠다.

그러나 하나님은 우리의 불순종을 눈감아주지 않으신다. 하나님은 세 번 정도는 죄를 그냥 봐주시는 분이 아니다. 바울과 베드로와 요한이 쓴 편지들과 요한계시록에 실린, 일곱 교회에 보내는 예수님의 편지에는 그리스도인과 교회를 향한 회개의 권고와 회개하지 않는 이들에 대한 경고가 가득하다.

오류 4. 그리스도인이 되면 고난이 없어진다

예수님을 따르는 데 어떤 싸움도, 수고도 없을 거라고 생각한다면 성경을 제대로 (또는 전혀!) 읽지 않은 것이다. 그리스도인이 된다는 것은 좁은 문으로 들어가는 것과 같다(마 7:13). 그것은 좁은 문으로 들어가기를 힘쓰는 일이다(눅 13:24). 몸의 행실을 죽이는 일이다(롬 8:13). 세상의 지배자들과 악한 권세를 상대로 싸우는 일이다(엡 6:12). 믿음의 선한 싸움을 싸우는 일이다(딤전 6:12). 믿음에 덕과 경건과 온갖 거룩한 특성을 더하려는 노력을 아끼지 않는 일이다(벧후 1:5-7). '가능한 기독교'는 수동적으로 이루어지지 않는다.

오류 5. 자신을 너무 엄격하게 대하지 말아야 한다

이것은 좋은 조언일 수 있다. 어떤 그리스도인들은 잘못된 죄책감에 빠지기도 한다. 그들은 양심이 과민하고, 하나님이 기뻐하실 정도로 순종하는 것은 결코 불가능하다고 믿는다. 그러나 이 조언이 모든 상황의 모든 사람에게 주는 기계적 조언으로 쓰이는 것은 도움이 되지 않는다. 많은 책과 블로그에서는 기본적으로 이렇게 말한다. "당신은 정말 멋지다. 당신은 아름답다. 실수를 저지르기도 하지만 그게 뭐 어떻단 말인가? 우리 모두 실수를 저지른다. 사람들이 당신을 있는 모습 그대로 사랑하지 않는다면, 그들에게 문제가 있는 것이다. '당신의 욕망이 잘못되었다, 당신의 가정은 역기능 가정이다, 당신의 이혼은 비성경적이다, 당신의 식습관은 몸에 좋지 않다, 당신의 믿음은 정통적이지 않다, 당신의 믿음은 비기독교적이다' 따위의 말을 아무도 못하게 하라." 이런 메시지는 큰 인기를 끈다. 그러나 이것은 우리에게 옛 사람을 그 행실과 함께 벗으라거나(골 3:9) 거룩함을 추구하라고 말하지 않는다. 거룩함이 없으면 아무도 주님을 보지 못하는데도 말이다(히 12:14). 이것은 예수님이 다음 말씀에서 전하신 메시지가 아니다.

"때가 찼고 하나님의 나라가 가까이 왔으니 회개하고 복음을 믿으라"(막 1:15).

오류 6. 예수님을 따르는 데는 비용이 들지 않는다

이 오해는 우리가 십자가에 못 박히신 구세주를 섬긴다는 사실 앞에서 설 자리가 없다. 예수님을 미워한 세상이 우리도 미워할 것임을 예상해야 한다(요 15:18-19). 우리를 시험하러 오는 시련의 불길에 놀라서는 안 된다(벧전 4:12). 그리스도 안에서 경건하게 살고자 하는 사람은 핍박을 받을 것이다(딤후 3:12). 기독교가 가능하다는 말은 신자가 안락한 꽃 침대에 실려 천국으로 둥둥 떠갈 거라는 의미가 아니다. 탑을 세우려는 사람은 먼저 자재가 충분한지 확인해야 하고, 전쟁을 앞둔 왕은 먼저 군대가 준비되어 있는지 확인해야 한다. 마찬가지로 우리는 예수님의 팀에 가입하기 전에 먼저 비용을 계산해야 한다(눅 14:25-33). 예수님은 제자들에게 이렇게 말씀하셨다. "누구든지 나를 따라오려거든 자기를 부인하고 자기 십자가를 지고 나를 따를 것이니라"(마 16:24).

오류 7. 하나님은 위험을 감수하라고 우리를 부르시지는 않을 것이다

타락한 세상에서 완벽한 안전은 불가능하다. 사람들은 매일 심각한 사고를 당하고(안전벨트를 매고도), 병에 걸리고(마스크를 쓰고도), 직장이나 인간관계에서 속을 끓인다(미리미리 신중하게 처신해도). 우리는 온갖 영역에서 지식이 부족한, 유한한 사람들이다. 무엇보다 우리는 미래를 모른다. 그래서 인생에는 위험이 가득하다. 하나님의 사람들이라고 해서 예외는 아니다. 아니, 그 사람들에게 **특히** 더 위험할지도 모른다. 에스더는 목숨을 잃을 수도 있다는 것을 알면서도 "바로 이런 때"(에 4:14-16, 현대어성경)를 위해 자신의 역할을 감당했다. 사드락과 메삭, 아벳느고는 풀무불에 던져질 수 있음을 알면서도 느부갓네살의 우상 앞에 절하기를 거부했다. 하나님이 자신들을 구해내실 줄 모르는 상태에서 내린 선택이었다(단 3:17-18). 예수님을 충성스럽게 따르는 사람이 된다는 것은 가능하지만 결과를 예측하기는 어려운 일이다.

그 사이에 놓인 길

이 모든 걸 이야기하고 나니 다시 원점으로 돌아온 것처럼 느껴진다. 우리가 하는 일은 언제나 부족하고, 우리는 결코 기준에 미치지 못하는 실패한 죄인으로 살아갈 처지라는 느낌 말이다. 그러나 그것은 우리가 세웠던 다음과 같은 가드레일이 아니다.

- 구원은 우리 모두에게 은혜다. 그러나 칭의 가운데 우리를 구원하는 은혜가 성화를 통해 우리를 변화시킬 것이다(고후 3:18).
- 우리는 여기 지상에서는 결코 완전하고 죄 없는 상태가 되지 못할 것이다. 그러나 우리는 참으로 선하고, 하나님이 기뻐하시는 일을 할 수 있다(롬 12:1-2).
- 거룩하신 하나님은 언제나 죄를 좋아하지 않으신다. 그러나 우리는 죄를 회개할 수 있고 깨끗한 양심의 복과 하나님의 미소를 경험할 수 있다(민 6:24-26).
- 그리스도인으로 사는 것은 힘들다. 그러나 그리스도의 멍에가 절대 가벼워질 수 없다는 뜻은 아니다(마 11:30).

- 우리는 우리가 지속적으로 죄를 짓고 불순종하는 것을 정직하게 인정해야 한다. 그러나 우리가 의롭고 하나님께 순종하는 일을 하나도 할 수 없는 것은 아니다(눅 1:6).
- 예수님을 따르는 것은 곧 십자가를 지는 일이다. 그러나 그것은 목숨을 잃음으로써 목숨을 얻는 일이기도 하다(마 16:25).
- 하나님은 우리에게 어려운 일들을 요구하실 것이다. 그러나 하나님은 우리가 구하거나 생각하는 것 이상으로 행하시는 분이기도 하다(엡 3:20).

그리스도인의 삶은 우리가 생각하는 것보다 힘들면서도 쉽다. 힘든 이유는 자신에 대해 죽는 일, 마귀와의 싸움, 세상의 미움을 받는 일이 자연스럽게 이루어지지 않기 때문이다. 그러나 그리스도인의 삶은 쉽기도 하다. 하나님은 우리가 예수님의 제자가 되려면 다수의 학위나 30시간의 하루, 초인적인 조직 운영 기술이 있어야 한다고 말씀하시지 않는다. 아주 단순하게 말하면, 예수님이 요구하시는 것은 그분을 충분히 신뢰하여 모든 일에서 그분과 동행하고, 그분의 말씀에 귀를 기울이고, 그분을 의지하는 것이 전부다. 좁은 길이고 어려운 길인 것은 분명하다.

    그래서 그 길을 걷는 사람이 적다. 그러나 참된 제자들은 분명 그 길을 걸어간다. 그 길이 선하다는 것을 알고 그 길이 생명으로 이어진다는 것을 알기 때문이다.

2장

세상을 이기는 사람은 누구인가?

구원의 확신을 얻고자 하는 그리스도인들을 상담할 때는 그들을 요한일서로 데려간다. 이 짧은 편지에는 우리가 신앙 안에 있는지, 신앙 밖에 있는지 알아내는 데 도움이 되는 내용이 가득하다. 특히, 우리가 바른 길에 있는지 분별할 수 있게 하는 세 개의 표지판을 볼 수 있다. 우리는 이 세 개의 표지판을 "나는 구원을 확신하는 자인가, 아니면 정죄받은 자인가?"라는 질문에 답할 때 도움이 될 지표로 생각할 수 있다.

첫 번째는 신학적 표지판이다. 우리가 하나님의 아들이신 예수 그리스도를 믿는다면 구원을 확신할 수 있다(요일 5:11-13). 하나님은 우리가 구원을 확신하고, 우리에게 영생이 있음을 알기를 원하신다. 예수님을 믿는 것, 이것이 첫 번째 지표다. 예수님이 그리스도이심을 믿는 것(2:22), 그분이 하나님의 아들이심을 믿는 것(5:10), 예수 그리스도께서 육체로 오셨음을 믿는 것(4:2)이다. 예수님에 대한 우리의 신학이 완전히 잘못되어 있다면, 우리는 영생을 얻지 못할 것이다. 하나님 앞에서 구원을 확신하게 해주는 표지판 중 하나는 하나님의 독생자 우리 주 예수 그리스도를 믿는 것이다(4:14-16, 5:1, 5).

두 번째는 도덕적 표지판이다. 의롭게 사는 사람은 구원을 확신할 수 있다(요일 3:6-9). 악을 실천하는 사람들, 죄로 곧장 달려가는 사람들은 구원을 확신해서는 안 된다. 이것은 바울이 하는 말과 다르지 않다. 그는 로마서 6장에서 우리는 더 이상 죄의 종이 아니라 의의 종이라고 말하고, 갈라디아서 5장에서는 육체로 행하는 사람들은 하나님 나라를 상속받지 못한다고 말한다. 이것은 예수님이 마태복음 7장에서 하신 말씀, 곧 좋은 나무가 나쁜 열매를 맺을 수 없고 나쁜 나무가 좋은 열매를 맺을 수 없다고 하신 말씀과 결을 같이 한다. 도덕적으로 의롭게 산다면 구원을 확신할 수 있다(요일 3:24). 이 기준 앞에서 절망하는 일이 없으려면, 죄 없이 산다고 주장하기를 거부하는 것과, 죄를 지을 때 그리스도께 나아가 깨끗함을 얻는 것이 의로운 삶의 일부임을 명심해야 한다(1:9-10).

세 번째는 사회적 표지판이다. 다른 그리스도인들을 사랑하는 자는 구원을 확신할 수 있다(요일 3:14). 가인처럼 타인을 미워하는 자에게는 영생이 없고, 마음과 지갑이 형제자매들에게 열려 있는 자에게는 영생이 있다. 서로 사랑하는 일은 참된 영적 생활의 필수 표지다(4:7-12, 21).

이상이 우리가 영생으로 이어지는 길에 있음을 확신하게 해주는 요한의 세 가지 표지판이다. 이것들은 우리가 구원을 얻기 위해서 하는 세 가지 일이 **아니라**, 하나님이 참으로 그분의 은혜로 우리를 구원하셨다는 것을 알리는 세 가지 지표다. '하나님의 아들이신 예수 그리스도를 믿는다', '의로운 삶을 산다', '다른 그리스도인들에게 관대하다'. 다른 식으로는 이렇게 표현할 수 있다. 예수님을 사랑하고 그분의 명령을 사랑하고 그분의 백성을 사랑한다면, 우리는 영생을 가졌음을 알 수 있다.

세 가지 중 선택사항은 없다. 그리스도인에게는 셋 모두 있어야 하고, 셋 모두가 구원을 확신할 수 있는 표지다(요일 2:4, 6, 4:20, 5:2 참고).

블로그에서 일어난 태풍

지난 여러 해 동안 블로그에 수천 편의 글을 썼다. 나는 사람들이 무엇을 좋아하고 무엇을 싫어하는지 꽤 잘 안다(똑같은 글이라도 어떤 사람은 좋아하고 어떤 사람은 싫어한다. 거의 언제나 그렇다). 그러나 온라인에 글을 쓴 지 15년이나 된 지금도 가끔 사람들이 전혀 뜻밖의 글에 불쾌한 반응을 보이는 것을 발견하고 놀란다. 여기에 딱 맞는 사례가 요한일서를 요약한 앞의 다섯 단락이다. 몇 년 전, 이와 동일한 내용을 블로그에 올렸더니 몇몇 사람들이 그 내용을 정말 마음에 들어 하지 않았다. 그 중 좀 점잖은 비판을 하나 소개한다.

> 여러 해 동안 (구원의 확신) 문제로 고민해온 사람으로서, 미안하지만 이 간략한 설명은 오해의 소지가 너무나 많다는 말씀을 드려야겠습니다. 악의적으로 이러는 건 아닙니다. 저는 목사님의 블로그를 꾸준히 읽고 있고 목사님의 사역을 존중합니다. 그러나 내면의 사악함 없이 산다고, 동류 '그리스도인들'을 어김없이 사랑한다고 자신 있게 말할 수 있는 사람이 누가 있을까요?

다음 댓글도 점잖은 편에 속하지만 동일한 우려를 좀 더 강하게 표명했다.

살짝 놀랐고 실망했습니다. 드영 목사님이 그리스도께서 십자가에서 완성하신 사역에 대해 아무 말도 하지 않는다는 것과, 그럴 의도는 아니었다 해도, 자신의 행위에 의지하여 구원을 받으려는 쪽으로 기우는 것처럼 보인다는 것 때문입니다. 우리가 열매를 맺는다 해도 그 열매는 언제나 불완전하고, 우리가 이루는 최고의 선행도 언제나 악한 행위나 동기로 얼룩진다는 것을 각자가 깨닫게 될 것입니다. 그런데 드영 목사님은 의도는 좋을지 몰라도 결국 구원의 근거를 그리스도와 십자가가 아닌 나와 내 노력으로 만듭니다.

동일한 노선에서 나를 비판하는 또 다른 댓글이다.

그리스도인으로서 비틀거리고 몸부림치고 있는 나는 이 글로 큰 좌절감을 맛본다. 내 죄로 인해 절망감을 느끼고 내가 도덕적으로 올바르게 살아오지 못했다는 데 절망한다. 언젠가 천국의 문 앞에서 입장을 거부당하는 내 모습을 상상하게 된다. 나는 하나님의 사랑을 받았고 그분을 안다는 것을 마음 깊이 알고 있는데도 그렇다. … 내 삶에서 도덕적 올바름이 부족하다는 것만 보고 내가 그리스도인이 아니라고 쉽사리 단정할 수 있을까? 이 실패, 이 죄야말로 나에게 예수님이 필요한 이유, 예수님이 십자가에서 생명을 주셔야 했던 바로 그 이유가 아닐까?

댓글 하나를 더 소개하겠다. 이 글은 좀 더 개인적으로 들어간다.

이런 글의 문제점은 명확하고 객관적인 답을 제시하지 않는다는 것이다. 케빈 드영을 비롯한 그 누구도 완전히 올바르고 도덕적으로 살지 않는다. 케빈은 여기서 죄 없는 완전함을 옹호하지는 않지만, 우리가 씨름하는 죄가 성화의 전투의 일부인지, 아니면 죄를 실천하고 있으므로 구원받지 못한다는 표시인지 알기는 대단히 어렵다. … 세 번째 논점에 대해 말하자면, 우리가 그리스도의 몸 안에 있는 다른 이들을 사랑하는 일은 절대적으로 필요하다. 그러나 글쓴이나 이 글을 읽는 모든 사람은 형제와 자매들을 불완전하게 사랑한다. 자신에게 정직한 사람은 누구나 이 사실을 안다. 당신의 사랑이 얼마나 완벽함에 가까워야 구원을 확신할 수 있을까?

이상은 비교적 내용이 충실한 댓글들이다. 한 방문자는 그냥 이렇게 물었다. "이것이 복음인가? 결국 이곳은 복음연합(The Gospel Coalition, 미국의 초교파 복음운동단체. TGC코리아는 '복음과도시'라는 이름으로 활동한다.—역주) 웹사이트군. 그들이 어떤 메시지를 전하고 있을까?" 한 독자는 이런 우려를 가장 간결하게 담아 이렇게 조언했다. "복음연합, 케빈을 앉혀놓고 장시간 면담을 진행해야 할 것 같다. 지금 우리는 구원에 대해 말하고 있는 것이 아닌가?"

내 블로그에 달리는 댓글들 외에도, 많은 그리스도인이 내 글에 답하는 글을 자신들의 블로그에 썼다. 그들의 비판은 동일한 주제들을 중심에 놓고 있었고 특정한 사고방식에서 나온 것이었다. "당신의 내면을 들여다보라. 거기서 당신은 자신의 마음이 만물보다 거짓된 것임을 발견하게 될 것이다. 당신의 행위를 보라. 당신의 모든 의가 더러운 옷과 같음을 발견하게 될 것이다. 당신의 양심을 보라. 당신 안에 어떤 선한 것도 없음을 양심이 증언할 것이다. 자기평가에 의지한다면 우리가 얻을 것은 의심의 독약

밖에 없다. 우리 마음은 순수하지 않다. 우리 행위는 선하지 않다. 우리 손은 깨끗하지 않다. 구원의 확신을 얻을 유일한 길은 우리 바깥을 내다보고 그리스도께서 우리를 위해 완성하신 사역을 신뢰하는 것이다."

많은 그리스도인이 이와 같은 반응에 공감할 것이다. 그러나 이것이 옳은가? 좀 더 정확히 말하면, 이 내용이 **처음부터 끝까지 다 옳은가?** 긍정하는 내용뿐만 아니라, 부인하는 내용도 성경적인가?

너무 많이 반대하지 말지니라

나는 비판자들의 글에서 최고의 논증을 뽑으면서 내가 요한일서와 구원의 확신에 관해 쓴 글에 대한 반론을 크게 세 가지로 정리할 수 있었다.

1. 구원의 확신을 얻기 위해 우리 자신을 바라봐서는 안 된다.
2. 우리는 하나님도, 우리 이웃도 결코 제대로 사랑할 수 없다.
3. 구원의 확신 문제에 케빈 드영처럼 접근하면 자신이 구원받았음을 의심하게 된다.

이 세 가지 반대 모두 그 핵심에는 성경에 근거하여 논증되지 않고 암묵적으로 전제되는 가정이 놓여 있다. '순종하는 그리스도인의 삶이란 가능하지 않다. 따라서 우리는 구원을 얻기 위해 자신의 행위에 의지하(다가 망하)든지 끊임없는 영적 실패를 인정하(고 구원을 받)든지 둘 중 하나를 선택할 수밖에 없다'는 가정이다. 하지만 만약 이 두 가지 선택지가 우리에게 엉터리 딜레마를 제시한다는 사실이 밝혀지면 앞서 말한 세 가지 반대는 사라질 것이다.

반대 의견을 하나씩 살펴보자.

반론 1. 구원의 확신을 얻기 위해 우리 자신을 바라봐서는 안 된다

처음부터 잘 기억하고 있어야 한다. 요한일서의 세 가지 표지(신학적, 도덕적, 사회적 표지)는 그야말로 표지일 뿐이다. 이것들은 우리가 구원을 얻기 위해 행하는 세 가지 일이 아니라 하나님이 참으로 우리를 구원하셨음을 알리는 세 가지 지표다. 차를 타고 미국을 횡단할 때, 도로 위의 표지판들은 차에 연료를 넣어주거나 운전을 대신해주거나 A지점에서 B지점으로 이동하게 해주지 않는다. 표지판들은 운전자가 바른 방향으로 가고 있음을 알려줄 뿐이다. 여기에 행위로 얻는 의는 없다. 세 표지가 행위로 얻는 의라는 생각은 요한일서 1장 8절(우리 모두 여전히 죄를 짓는다)과 요한일서 2장 1-2절(우리에게는 우리를 변호해주시는 분과 화목제물이 필요하다) 말씀에 위배되고, 성경의 나머지 내용과도 맞지 않는다. 세 가지 권고, 즉 예수님을 사랑하고, 그분의 계명을 사랑하고, 이웃을 사랑하라는 권고는 천국으로 가는 사다리를 만들라는 지시가 아니다. 이 세 가지는 참으로 거듭난 그리스도인의 삶에서 수확할 수 있는 세 가지 열매를 말하는 것이다.

그리스도를 바라보는 일 외에 자신의 영적 상태를 자신할 수 있는 길이 없다는 말은 영적으로 들린다. 그러나 이 말은 요한서신의 분명한 주장을 무시하고 있다. 요한일서는 우리가 다른 사람들의 삶을 봄으로써, 즉 그들이 무엇을 하고, 무엇을 믿고, 어떻게 행동하는지 봄으로써 오류와 진리를 분별할 수 있음을 알게 하려고 쓴 것이다.

- 요일 2.5-6: "이것으로 우리가 하나님 안에 있음을 압니다."
우리가 하나님 안에 있음을 어떻게 아는가? 답변은 이렇다.

"하나님 안에 있다고 하는 사람은 자기도 그리스도께서 사신 것과 같이 마땅히 그렇게 살아가야 합니다."

- 요일 3:10: "하나님의 자녀와 악마의 자녀가 여기에서 환히 드러납니다." 어디서 환히 드러난다는 말인가? "곧 의를 행하지 않는 사람과 자기 형제자매를 사랑하지 않는 사람은 누구나 하나님에게서 난 사람이 아닙니다."

- 요일 3:14: "우리가 이미 죽음에서 생명으로 옮겨갔다는 것을 우리는 압니다." 그것을 어떻게 아는가? "이것을 아는 것은 우리가 형제자매를 사랑하기 때문입니다"(이상 새번역).

- 요일 3:19: "이렇게 함으로써 우리는 우리가 진리에서 났음을 알게 될 것입니다. 또 우리는 하나님 앞에서 확신을 가지게 될 것입니다." 3장 24절도 보라. "그분의 계명들을 지키는 사람은 그분 안에 머물러 있으며, 그분이 친히 그 사람 안에 머물고 계십니다. 이것으로 그분이 우리 안에 머물러 계신다는 것을 우리가 알아차립니다"(새한글성경).

요한일서에서 거듭 나오는 표현이 있다. "이것으로 우리는 ~라는 것을 압니다." 우리는 자신의 삶에 근거하여 뭔가를 보고 결론을 내려야 하는 것이다.

문제는 우리가 하나님의 계명을 지키지 못하고 있다는 결론이 늘 더 뛰어난 경건이라고 생각한다는 것이다. 이것은 성경의 가르침이 아니라 우리가 자초한 문제다. 우리는 참된 겸손을 위해서는 모든 면에서 자신을 부정적으로 평가해야 한다고 생각한다. 바울이 고린도 교인들에게 "자기가 믿음 안에 있는지를 스스로 시험해 보고, 스스로 검증해 보"(고후 13:5, 새번역)라고 말하는 대목에서 우리는 종종 더 중요한 바울의 논점을 놓친다. 그는 자신이 적법한 그리스도의 사역자라는 사실을 고린도 교인들이 기억하기를 원했다. 그가 믿음 안에서 그들을 낳은 아버지였기 때문이다(고전 4:15). 고린도의 신자들은 바울의 사도 직무를 인증하는 도장과도 같았다(고전 9:2). 바울이 그들에게 자신을 점검하라고 했던 것은 고린도 교인들이 (믿음 안에 있는지 확인하는) 시험에서 통과할 거라고 기대했기 때문이다.

우리 삶의 열매를 살피는 일이 구원을 확신하게 해주는 유일한 수단은 아니지만, 여러 수단 중 하나인 것은 분명하다. 개혁주의 신앙고백서들은 이 부분에서 의견이 일치한다. 예를 들어, 도르트 신경은 구원의 확신이 세 가지 원천에서 나온다고 설명한다. "하나님이 우리를 위로하시기 위해 말씀으로 매우 풍성하게 계시하신 그분의 약속에 대한 믿음, 우리가 하나님의 자녀이자 상속자임을 우리의 영과 함께 증언하는 성령의 사역, 선한 양심을 보존하고 선한 일을 하고 싶은 진지하고 거룩한 갈망이 그것이다"(5.10).

웨스트민스터 신앙고백서도 같은 말을 한다. "흔들림 없는 신앙의 확신"의 "근거는 하나님의 진리인 구원의 약속들, 그 약속들이 가져다주는 은혜의 내적 증거, 그리고 … 양자 됨을 알리시는 성령의 증거"(18.2)이며, 그것이 구원을 확신할 수 있는 증거라는 것이다. 개혁주의 신앙고백서들은 변화된 삶이 그리스도와 우리가 연합했음을 보여 주는 한 가지 표지라고 가르친다. 이것은 유일한 표지가 아니며 하나님과 우리의 올바른 관계를 가능하게 하는 근거도 아니지만, 우리가 참으로 거듭났음을 알리는 한 가지 중요한 지표라고 본다.

은혜가 우리에게 왔다면, 이제 은혜가 우리를 통해 흘러가게 해야 한다. 그러나 우리에게는 의심의 시기가 있을 수 있다(유 22절). 옳은 일을 하는 데 어려움을 겪을 수도 있다(롬 7:18-20). 웨스트민스터 신앙고백서는 흔들림 없는 확신이 신앙의 본질적인 부분이 아니라는 것(18.3)과 신자들의 구원의 확신은 흔들릴 수 있다는 것을 충분히 인정한다. 그러나 자신이 은혜의 상태에 있다고 확신하며 사는 것이 바람직하다고 본다(18.1).

웨스트민스터 신앙고백서의 두 번째 표지("그 은혜의 내적 증거")를 생각해보자. 신앙고백서는 네 개의 증거 구절을 제시한다.

- 베드로전서 1장 4-11절은 더욱 경건해지고 영적 열매를 맺으려고 부지런히 노력하여 우리의 부르심과 택하심을 굳게 하라고 촉구한다.
- 요한일서 2장 3절은 우리가 하나님의 계명을 지키면 하나님께 속한 줄 안다고 증언한다.
- 요한일서 3장 14절은 우리가 형제를 사랑함으로써 죽음에서 생명으로 옮겨갔다고 분명히 말한다.
- 고린도후서 1장 12절에서는 선한 양심의 증언을 기뻐한다고 말한다.

이 구절들을 보면 은혜의 증거에 눈을 뜨는 것은 우리의 공로로 구원을 얻는다는 생각이나 우리가 완전함에 이르렀다는 생각과 전혀 다른 것임을 알 수 있다. 그리스도인들은 구원의 확신을 가져야 한다(요일 3:21). 우리의 양심은 깨끗해야 한다(행 24:16; 딤전 1:19). 우리는 자신을 점검하고 시험에 통과할 수 있다.

반론 2. 우리는 하나님도, 우리 이웃도 결코 제대로 사랑하지 못 한다

물론 여기서 말하는 것이 완전한 사랑과 흠 없는 순종이라면, 이 반론은 참된 진술이 될 것이다. 그러나 사랑과 순종을 항상 완전하고 흠 없는 것으로 이해해야 한다면, 우리는 성경 말씀도 그대로 받아들일 수 없을 것이다. "우리가 하나님을 사랑하고 그의 계명들을 지킬 때에 이로써 우리가 하나님의 자녀를 사랑하는 줄을 아느니라"(요일 5:2). 이 말씀은 공허한 진술이 아니다. 요한은 가정법으로 말하지 않는다. 그는 진정으로 하나님을 사랑하고 그분의 계명에 순종하는 이들이 있다고 믿는다.

이어지는 4절의 놀라운 진술을 보라. "무릇 하나님께

로부터 난 자마다 세상을 이기느니라…." 유혹과 두려움과 의심과 죄로 씨름하는 것은 그리스도인의 삶에서 흔히 볼 수 있는 모습이다. 그러나 만약 우리가 열렬히 죄로 뛰어들고, 죄에서 돌이키지 않고, 인생이 습관적으로 죄로 점철되고 죄를 기뻐한다면, 그것은 성경이 우리에게 명하시는 바와 그리스도인으로서 우리에게 기대하는 모습에 어긋난다. 4절과 5절에서 요한은 이김에 대해 세 차례 말한다.

그리스도인들은 약한가? 그렇다. 겸손과 의존, 고난, 자존감, 자격이라는 관점에서 볼 때 과연 그렇다(고후 12:1-10). 그러나 약함이 제어되지 않은 죄와 영적 실패에 빠진 삶을 의미한다면, 그리스도인들은 약하지 않다. 그리스도인들은 항복하는 자들이 아니라 승리하는 자들이다. 굴복하는 자들이 아니라 이기는 자들이다(계 2:7, 11, 17, 26, 3:5, 12, 21).

참으로 경건하려면 자신이 그리스도인으로서 하는 모든 일을 철저히 깎아내려야 한다고 잘못 생각하는 그리스도인이 너무나 많다. 우리가 율법을 절대적으로 온전히 이행할 수 없다는 것은 분명하다. 웨스트민스터 신앙고백서는 그리스도인들이 "마땅히 해야 할 의무에 있어서도 한참 부족하다"는 것을 상기시킨다(16.4). 우리가 하는 최선의 행위들도 "많은 연약함과 불완전함으로 더럽혀지고 뒤섞여 있어 하나님의 엄중한 심판을 견디어낼 수가 없다"(16.5).

하지만 신앙고백서에 이어지는 내용에 따르면, 하나님은 우리의 선행을 그리스도 안에서 받아주신다. 그것들이 전혀 나무랄 데가 없어서가 아니라, 아들의 사역을 보시기 때문이다. 그래서 하나님은 "비록 많은 부분에서 연약하고 불완전하더라도 진실하게 행한 것에 대해서는 기쁘게 받아주시고 상 주(신다)"(16.6). 다시 말해, 그리스도께서 죽음으로 우리의 악행을 속죄하시고 우리의 선행을 깨끗하게 하셨다. 하나님은 우리와 우리의 행위를 실제보다 더 좋게 여겨주신다.

이 대목에서는 스콜라 신학의 세밀한 구분이 필요하다. 스위스의 정통 개혁 신학자인 프랑수아 투레티니(Francis Turrettini)는 이렇게 썼다. "참으로 선한 것과 완전하게 선한 것을 구분해야 한다." 후자의 범주는 "불완전한 성화와 죄의 잔재 때문에 성도들의 행위에 적용할 수 없다." 그러나 전자의 범주는 "성도들에게 합당하게 적용할 수 있다. 그들은 아직 완전하게 새로워지지 않았지만, 그래도 참으로 선하고 진정으로 새로워졌기 때문이다."[1]

투레티니에 따르면, 신자들의 행위가 참으로 선할 수 있다는 결론을 내려야 할 이유가 적어도 세 가지 있다.[2] 첫째, 우리의 선행은 성령이 주시는 특별한 의향과 충동으로 수행된다. 둘째, 성경은 그런 선행이 하나님을 기쁘시게 한다고 거듭 말한다. 셋째, 성도들은 선행에 대한 상을 약속받는다. 각별히 경건하고 겸손한 사람처럼 보이기 위해 우리의 선행이 상을 받을 만한 일이 아니라고 우긴다면, 성령의 역사를 지나치게 경시하고 수많은 성경의 메시지에 귀를 막는 결과를 맞게 된다. 우리가 행하는 최선의 행위들도 여전히 완전하게 의롭지는 않다는 의미에서 죄에서 자유롭지 않을지 모르지만, 그래도 우리 선행의 본질이 선하다는 것은 분명하다.

간단히 말해, 신자들의 선행은 불완전한 방식으로 이

---

1 Francis Turrettini, *Institutes of Elenctic Theology*, 3 vols., trans. George Musgrave Giger, ed. James T. Dennison Jr. (Phillipsburg, NJ: P&R, 1997), 2:708.
2 같은 책, 2:708-709.

루어진다고 해도 참된 선행이 될 수 있다. 예레미야가 "만물보다 거짓되고 심히 부패한 것은 마음이라"(렘 17:9)라고 탄식한 것은 유다의 지독한 반역을 꾸짖은 것이지 중생한 그리스도인들의 잠재적 순종을 비판한 것이 아니다. "우리의 의는 다 더러운 옷 같"(사 64:6)다는 이사야의 유명한 진술 또한 형식적이고 무심한 순종을 고발한 것이지 하나님의 백성이 올바른 일을 행할 수 있음을 부정한 것이 아니다.

이사야는 "더러운 옷"이 나오는 절의 바로 앞부분에서 하나님에 대해 이렇게 말한다. "주님께서는, 정의를 기쁨으로 실천하는 사람과, 주님의 길을 따르는 사람과, 주님을 기억하는 사람을 만나 주십니다"(64:5, 새번역). 순종은 실재하는 범주이고, 옳은 일을 하는 것은 불가능하지 않다.

반론 3. 구원의 확신 문제에 케빈 드영처럼 접근하면 자신이 구원받았음을 의심하게 된다

이것은 가장 개인적이고 목회적인 반론이다. 구원을 의심해야 마땅한 사람들이 있지만, 거룩함을 원하고 자신의 죄를 미워하며 그리스도께 달려가는 사람은 그런 부류에 속하지 않는다. 요한일서의 의도는 우리를 의심하게 만들려는 것이 아니다. 분별하게 하려는 것이고, 분별을 통해 확신을 갖게 하려는 것이다. 요한은 하늘 아버지의 자녀인 이들을 돕기 위해 서신을 썼다. 그래서 요한이 그들을 자녀들이라고 부르는 것이다(요일 2:12, 28, 3:1, 5:21).

요한은 이렇게 말한다. "저 바깥에 거짓 스승들이 있습니다. 그들의 말을 듣지 마십시오. 죄를 좇지 마십시오. 그리스도를 신뢰하십시오. 그리스도와 동행하십시오. 그리스도 안에서 여러분의 위치를 확신하기를 바랍니다. 그러면 여러분의 기쁨이 넘치도록 가득할 것입니다."

"내가 충분히 사랑하고 있는지 어떻게 아는가?"라고 묻는 이들에게 나는 발자취와 공동체, 회개, 이 세 단어를 말하고 싶다.

발자취. 나는 오늘을 어떻게 살고 있는지 이틀 전이 아니라 몇 달 전, 몇 년 전을 돌아보고 비교해보라. 경건함에 성장이 있는가? 하나님의 일을 사랑하는가? 장기적 패턴을 찾으라. 그리고 기억하자. 이 발자취는 당신이 구원 믿는 방법이 아니라 구원받았음을 알리는 한 가지 표시라는 것을 말이다.

공동체. 구원의 확신은 공동체의 과업이다. 거룩하신 하나님께 가까이 다가갈수록 자신의 죄가 더 잘 보이는 법이다. 우리는 우리 삶의 열매를 짚어줄 다른 사람들이 필요하다. 우리가 그리스도의 몸의 진짜 지체임을 분별해줄 교회가 필요하다. 자기 영혼의 양파 껍질을 벗기는 데 시간을 낭비하지 말라. 경건한 신앙의 선배들과 좋은 영적 친구들에게 자신을 맡기라.

회개. 회개의 삶을 구축하라. 빛 가운데 걷고 있다는 표지 중 하나는 어둠 속에서 보낸 시간을 정직하게 인정하는 모습이다. 그렇다고 더 이상 죄를 짓지 않는다거나 어두운 시간들을 맞이하지 않는다는 의미는 아니다. 자신의 죄를 빛 가운데로 가져오고, 정직하게 고백하고, 거기서 돌이켜 그리스도께 달려간다는 뜻이다.

중생한 그리스도인은 곧 변화된 그리스도인이다. 그 변화는 실수가 많고 불완전하고 유혹과 투쟁이 가득하지만 그럼에도 실질적이고 진실하고 뚜렷이 드러난다. 이것은 교만의 문제가 아니다. 나 같은 죄인을 구원하시는 놀라운 은혜가 우리를 본향으로 이끈다는 것을 믿는 문제다. 그리스도의 사역을 과소평가하지 말자. 그리스도는 우리를 우리 죄에서 구원하실 만큼은 강하지만 죄로 물든 우리 삶을 변화시키기에는 부족한 반쪽짜리 구세주가 아니다.

새로 태어나야 이런 순종의 삶이 가능해진다. 어느 날 갑자기 삶을 바로잡으려고 정말 열심히 노력해서 순종하며 살게 되는 것이 아니다. 우리가 새 생명과 새 영과 새 마음을 받는 것은 하나님의 주권적인 은혜의 역사다. 여자가 아기를 가질 때, 그 아기는 새 생명의 증거다. 아기를 본 적이 없다면 그녀가 정말 출산을 했는지 의심하게 될 것이다.

그렇다면 자신이 영적으로 새로 태어났다는 증거를 인식하는 일이 어떻게 자동적으로 교만과 연결되겠는가? "나는 사도들 가운데 그 누구보다도 더 열심히 일하였습니다." 이렇게 말한다고 해도 그 다음에 "그러나 이렇게 한 것은 내가 아니라, 나와 함께 하신 하나님의 은혜입니다"(고전 15:10, 새번역)라고 말한다면 그것은 뻐기는 태도가 아니다. 중생케 하고 보존하시는 하나님의 은혜에 힘입어, 예수님이 하나님의 아들이라고 믿는 우리가 곧 세상을 이기는 사람들이라고 생각하는 것은 허영이 아니다(요일 5:5).

3장

"결코 충분하지 않아"

솔직히 처음부터 끝까지 다 본 적은 없지만 영화 〈위대한 쇼맨〉(미국, 2017년)은 우리 집에서 여러 번 상영되었다. 짧은 장면들을 군데군데 본 것이 전부여서 전체 줄거리는 잘 모르지만, 울버린(영화 〈엑스맨〉 시리즈의 주요 캐릭터. 휴 잭맨이 연기했다)이 서커스단 비슷한 조직을 운영하고, MI6(영국 첩보기관) 소속의 일사 파우스트(영화 〈미션 임파서블〉에 등장하는 캐릭터. 레베카 페르구손이 연기했다)가 나오고, 스파이더맨의 여자친구(젠데이아 콜먼)도 등장한다. 어쨌든, 영화의 어떤 지점에서 그 유명한 "결코 충분하지 않아"(Never Enough)라는 노래가 나온다. 이 노래를 들어본 사람은 아마 하루 동안, 어쩌면 2, 3년씩 이 노래가 머리에서 맴돌 것이다. 가수가 엄청난 에너지와 감정을 담아 부른 이 노래는 귀에 착 감긴다. 아내와 내 입에서 저절로 "결코 충분하지 않아"가 흘러나올 때가 있다. 잘 시간에 아이들이 시리얼을 세 그릇째 달라거나, 친구 집에서 자고 오겠다고 조르거나, 아이 중 하나가 성탄절 오후에 주저앉아 실망의 눈물을 쏟을 때다.

이 노래 가사는 유년기의 욕구에도 들어맞고, 성인들의 채워지지 않는 명예욕과 재물욕에도 제격이다. 그러나 하나님에 대해서는 어떨까? 우리의 공로로 천국에 들어갈 수 없다는 것과 그리스도인으로서 행하는 최고의 선행도 불완전하다는 것을 이미 분명히 했다.

그렇다면 진심어린 순종을 위한 모든 노력이 하늘 아버지께 결코 충분하지 않다는 걸까? 우리 그리스도인들은 시시포스처럼 살 수밖에 없는 운명인 걸까? 그래서 하나님의 기대라는 어마어마한 바위를 거대한 산꼭대기로 밀어올리지만 바위가 다시 아래로 굴러 떨어져 헛된 수고를 끝없이 되풀이해야 하는 걸까? 예수님을 따르기로 선택했을 때 우리는 평생의 좌절과 실망 속으로 발을 들여놓은 것일까? 기독교의 요구에 좌절하는 삶, 하나님이 우리에게 실망하시는 삶에 갇힌 것일까?

다음 장부터 이후 몇 장에 걸쳐 그리스도인의 삶에서 걸고 충분하지 않다고 느끼기 십상인 몇 가지 영역을 살펴보고자 한다. 성경이 돈과 집단적 죄책감에 대해 뭐라고 하는지, 망가진 지구를 바로잡는 일에 대해 뭐라고 하는지 하나씩 검토해볼 것이다. 이번 장에서는 기독교의 다른 두 영역을 다루고자 한다. 그리스도인의 삶에서 우리가 실천해야 한다는 것을 알고 더 잘하고 싶어 하는 두 영역이다. 이 둘은 제자도의 기본에 해당하는 습관들이고, 대부분은 이 두 주제에 대한 수많은 설교와 강연을 들어보았을 것이다(아니면 해봤을 것이다). 이 둘은 기도와 전도다. 우리 사이에서 더 잘 쓰이는 표현은 매일 경건의 시간을 갖는 것과 신앙을 나누는 것이다.

더 많은 경건의 시간을 찾아서

이번 장을 시작하는 데 벌써부터 긴장이 된다. 나는 누군가가 이번 장을 읽고 '와, 이 책 너무 좋아. 매일 기도와 성경 읽기는 이제 그만!'이라고 생각하는 일이 절대 없기를 바란다. 분명히 말해두지만, 그것은 이번 장의 논지가 **아니다**. 잠시 후에 살펴보겠지만, 성경은 우리에게 기도하라고 말한다. 성경은 하나님의 백성이 당연히 성경을 잘 알고 그 진리를 자녀들에게 가르칠 것이라고 여긴다. 성숙하고 열매 맺는 그리스도인을 만나보라. 장담컨대 그는 '경건의 시간' 같은 것을 꾸준히 갖고 있을 것이다. 따로 떼어놓은 그 시간에 기도로 하나님께 말씀드리고 성경에서 하나님의 음성을 들을 것이다.

나는 경건의 시간이나 매일의 묵상이나 가정예배에 반대하지 않는다. 이 모든 경건 훈련은 하나님의 백성에게 유익하고 오랜 역사를 갖고 있다. 하나님의 백성에게 도움이 안 되는 것은, 기독교가 해뜨기 전에 일어나고 하루의 모든 순간을 선용하고 양말서랍까지 완벽하게 정리하는 자기관리의 화신 같은 이들을 위한 것이라는 무언의 (때로는 명확한 언어로 전해지는) 가정이다. 우리는 다른 사람의 말을 듣고 이렇게 생각하거나 혼자서 임의로 이런 생각을 품는다.

하나님을 더 잘 아는 것이 목표라면 영적 훈련은 훌륭한 도구다. 그리고 필요한 도구다. 그러나 매일의 형이상학적 정신 단련을 목표로 삼는다면 얘기는 달라진다. 더 나은 그리스도인이 되면 이런 정신 훈련을 늘 더 많이 할 수 있을거리고 생각하고 영적 훈련을 진행하는 사람의 영혼은 치명상을 입는다.

나는 매일 성경을 묵상하는 습관을 고등학교 때 들였다. 진지한 그리스도인이었던 두 친구가 매일 아침 등교 전에 성경을 읽는다고 말했다. 당시에는 나에게 그런 습관이 없었던 터라 좋은 생각처럼 들렸다. 나의 동기는 좀 복합적이었다. 하나님이 나의 달리기 능력에 복을 주시고 고등학교 지역 대표가 되는 목표를 달성하게 해달라고(앞서 말했다시피, 나는 이류 선수들 중에서는 최고, 일류 선수들 중에서는 꼴찌였다) 기도하고 싶었다. 매일 몇 분 정도 기도하고 성경 한 장과 간단한 묵상집에서 그날의 묵상 글을 읽었다. 5분에서 10분 정도 걸리는 그 시간은 내가 그리스도인으로서 성장하는 데 엄청난 도움을 주었다.

대학에 들어간 후 나의 믿음은 잡초처럼 자라났다. 이렇게 표현한 이유는 내 신앙생활에서 좋은 일이 많았지만 교만도 함께 자랐기 때문이다. 나는 경건의 시간을 깐깐하게 챙겼다. 거의 하루도 빠뜨리지 않았고 때로는 눈길을 헤치고 학교 기도실로 걸어가 기도했는데, 그럴 때면 기도 중에 졸음을 떨치기 힘들었다. 대학생답게 아주 늦게야 잠자리에 들었던 탓이다. 많은 경건의 시간(quiet time)이 정말 조용한(quiet) 상태로 끝났다! 그렇지만 덕분에 성경을 여러

번 읽었다. 기도 일기도 썼다. 대부분의 또래에 비하면 나는 경건의 시간 챔피언이었다.

그러나 이 시간을 하루만 빠뜨려도 기분이 좋지 않았다. 나의 공로로 하나님의 호의를 사는 것이 아님을 머리로는 알았지만, 성경을 한 장 읽고 기도를 해야 좋은 그리스도인인 것 같은 느낌이 들었다. 돌이켜보면, 주님은 나의 열정을 여러 방식으로 좋게 사용하셨다. 그러나 나는 매일 아침 경건의 시간을 지킨 것에 만족하고 더 분명한 성경의 명령을 무시하기도 했다.

이것은 중요한 질문을 떠올리게 한다. 성경은 매일 기도하고 성경을 읽는 경건의 시간을 가지라고 명령하는가? 정확히 그런 명령은 없지만, 성경은 그와 비슷한 상황을 사실로 상정한다. 우리는 성경에 나오는 내용과 나오지 않는 내용에 솔직해야 한다. 가정예배는 십계명 중 하나가 아니다. 예수님은 산상수훈에서 맥체인성경읽기표를 제시하지 않으셨다. 신약성경의 악덕 목록에 '헌금 연체'는 언급되지 않고, '매일 아침 경건의 시간 엄수'는 성령의 열매에 포함되지 않는다.

매일의 묵상으로 보내는 몇 분(또는 몇 시간)을 기독교 제자도의 필수조건으로 만들지 않도록 주의해야 한다. 너무나 많은 사람이 이 한 가지 기준만으로 제자도의 상태를 측정하게 되었고, 기도에 더 많은 시간을 쓸 수 있는 여지는 언제나 있기 때문에 우리는 늘 부족하다는 느낌을 받는다.

하지만 성경 어디에도 경건의 시간을 명하는 대목이 없다는 것이 우리가 경건의 시간에 대해 말하는 전부라면, 우리는 이 주제의 전모를 이야기하지 못할 것이다. 성경은 우리에게 기도하라고 자주 명령한다(마 7:7-11). 예수님은 하나님의 백성은 자주 개인 기도를 할 것이고(마 6:6), 매일 기도하는 습관이 들었을 것(마 6:11)이라고 생각하신다. 우리가 알다시피, 예수님은 인적이 없는 곳으로 물러나 기도하셨고(막 1:35), 다니엘 같은 경건한 이들은 하루에 세 번 기도했다. 마찬가지로, 시편은 하나님의 말씀을 밤낮으로 묵상하는 습관을 들이라고 권한다(시 1, 119편). 디모데는 성경을 공적으로, 사적으로 읽는 본을 보인다(딤전 4:13, 15; 딤후 3:15). 끝으로, 성경은 자녀들에게 주님의 길을 가르치라고 부모, 특히 아버지에게 허다하게 촉구한다(창 18:19; 신 6:5-6; 시 78:4; 엡 6:4). 우리 삶에 기도와 성경 읽기, 가족과 성경 말씀 나누는 시간이 없다면 이런 성경의 명령과 본에 충실할 도리가 없다.

그래서 우리는 출발점으로 되돌아온 것일까? 개인의 경건 시간과 가정예배에 충분한 시간을 쓸 수 없다는 참담한 심정으로 말이다. 그렇지 않기를 바란다. "기도에 힘쓰라", "하나님의 율법을 묵상하라", "자녀들에게 말씀을 가르치라"와 같은 '무엇'에 대해서는 성경이 많이 말하지만 '어떻게'에 대해서는 그렇지 않다는 데 주목하자. 개인 영성 훈련의 습관을 들이는 것은 그 '무엇'을 위한 한 가지 방법이지만 다른 방법도 많다. 이를테면 공예배, 소그룹 성경공부, 차 안에서 설교 듣기, 걸어가며 성경 듣기, 설거지하면서 성경 강의 듣기, 기독교 학교에 가기, 기독교 서적 읽기, 영적 대화 나누기, 식사 기도하기, 취침 기도하기, 전화로 기도하기 같은 것들이다.

그렇다. 우리는 기도하고 성경 읽는 습관을 길러야 한다. 그러나 하나님이 연약하고 유한한 피조물에게 불가능한 기준을 부과하신다고 생각해서는 안 된다. 제자들이 "주여 … 기도를 … 우리에게도 가르쳐 주옵소서"(눅 11:1)라고 청했을 때, 예수님은 때와 장소, 자세, 소요 시간에 대한 구체적 가르침은 주시지 않았다. 그분은 무슨 내용으로 기도해야 하는지 가르치셨다. 올바른 이유로(남들에게 보이기 위해서가 아니라) 올바른 대상(하늘 아버지)에게 올바른 청원(아버지의 이름을 거룩하게 하소서, 아버지의 나라가 오게 하소서, 아버지의 뜻이 이루어지게 하소서, 주소서, 용서하소서, 지키소서)을 하는 것이 어떤 식으로든 기도할 수 있게 돕는 훈련보다 훨씬 중요하다.

내가 잘못 알고 있는 것이 아니라면, 아내는 나와 함께 보내는 시간을 좋아한다. 그녀는 내게 말하는 것도, 내 말을 듣는 것도 좋아한다. 내가 지나치게 분주해지면 자신에게 더 관심을 가져달라고 주저 없이 요구한다. 이기적인 남편이긴 하지만 나는 대개 그 요구를 기꺼이 받아들인다. 아내를 사랑하기 때문이다. 나는 그녀와 시간을 보내는 것이 좋다. 20년 넘게 같이 살았지만 함께 할 일과 나눌 이야기가 아직도 많다. 그러나 날마다 할 일이 가득하고 생활이 바쁘다보니, 함께 시간을 보내려면 종종 계획을 세워야 한다. 만약 아내가 내게 매일 정해진 시간에 자신의 안부를 확인하게 하고, 내가 자신과의 대화에 얼마나 시간을 썼는지 측정하고, 자신과 대화하는 것 말고 다른 일을 할 때마다 눈을 부라린다면, 우리의 결혼생활은 비참해질 것이다.

그러나 베이비시터를 구해서 그녀와 산책을 나가고, 휴가 계획을 세우고, 전화기를 완전히 내려놓고 그녀의 눈을 바라보는 노력을 내가 전혀 안 한다면, 우리의 부부관계는 맥이 빠지고 소원해질 것이다.

더 좋은 남편이 되기 위해 해야 할 일이 더 있는 걸까? 물론이다. 언제나 그렇다. 하지만 그것은 내가 정말 좋은 남편이 될 수 없다든가 아내가 나와의 결혼생활에 만족할 수 없다는 의미가 아니다. 부부 중 한 사람 또는 둘 모두 만족할 줄을 모를 때, 선의의 노력을 언제나 충분하지 않다고 받아들일 때, 과거의 상처를 절대 용서하지 않을 때, 불완전한 면들이 항상 가장 크게 다가올 때, 결혼생활은 너무나 불행해진다.

그러나 행복한 부부의 모습은 다르다. 행복한 결혼생활을 이루려면 수고가 필요하다. 그것은 우연히 만들어지지는 않지만 가능한 일이다. 우리와 하나님의 관계도 마찬가지다. 예수님을 따르는 데는 시간과 노력이 든다. 하지만 시간 관리 전문가나 수도사가 되지 않아도 신실하게 예수님과 동행하고 열매를 맺을 수 있다.

기독교는 외향인의 전유물인가?

우리가 쓰는 '경건의 시간' 개념을 성경이 여기저기서 암시하기는 해도 명시적으로 명령하지 않는다면, 우리가 잘 알고 있는 개인 전도 개념의 근거를 성경에서 찾기는 더 힘들 것이다. 비그리스도인들과 복음을 나누는 것은 필요한 일이고, 대부분의 그리스도인과 대부분의 교회가 이 사역에 더욱 용기를 낸다면 좋을 것이라는 말을 여기서도 서둘러 덧붙인다. 그러나 우리가 개인 전도를 유독 강조하고 때로는 다른 모든 선행에 앞서는 최고의 선행으로 취급하는데도, 그 중요성을 역설하기 위해 제시할 수 있는 근거 구절은 별로 없다.

말씀을 선포하고(딤후 4:1-2) 전도자의 일을 하라고(4:5) 목회자들과 교직자들에게 주어진 구절들은 있다. 사람들이 믿고 구원받을 수 있도록 복음과 함께 설교자들을 파송하라는 구절들도 있다(롬 10:14-15). 모든 족속과 언어와 나라 가운데서 사람들을 구원하실 하나님의 계획에 대한 구절들도 있다(창 12:1-3; 마 28:19-20; 계 5:9-10, 7:9-10). 사도행전은 잃어버린 자들에게 복음을 전하고, 새로운 회심자들을 제자로 훈련시키고, 교회를 개척하여 든든하게 세우는 사도들의 선교를 책 전체에 걸쳐 다루고 있다(행 14:21-23 참조). 그러나 개별 그리스도인에게 신앙을 나누라고 명령하는 성경 구절은 많지 않다.

물론, '경건의 시간'을 다룰 때 말했던 것처럼 여기서 멈춘다면 이 주제의 전모를 이야기하기는 힘들 것이다. 베드로는 우리가 가진 소망을 변호하고 그 소망의 이유를 대답할 수 있게 준비하라고 촉구한다(벧전 3:15). 이와 비슷하게, 에베소서 6장에서 다루는 하나님의 갑옷에는 "평화의 복음을 전할 차비"(15절)를 갖추게 하는 신발이 포함된다. 고린도 교인들은 불신자들의 구원에 관심을 가져야 했고(고전 7:12-16, 14:23-25), 디도는 믿음과 순종으로 우리 구주 하나님의 교훈을 빛내도록 하나님의 백성을 가르쳐야 했다(딛 2:10). 복음 전도 활동이 일어나는 것은 데살로니가 교회에서도 더욱 분명하게 볼 수 있다. 데살로니가 교회에서는 말씀이 신자들 안에서 살아 움직였고(살전 2:13-16), 속히 전파되었고(살후 3:1), 울려 퍼졌다(살전 1:8).

대위임령(지상명령)은 어떤가? 분명 이것은 우리의 복음 전도 의무에서 북극성 같은 역할을 하는 명령이다. 바로 여기서, 우리는 너무나 분명하게 제자를 삼으라는 말씀을 듣는다. 그런데 이 명령은 우리를 향한 것인가? 명시적으로 마태복음의 대위임령은 남겨진 열한 명의 사도들에게 주어진 것이다(마 28:16-18). 이 명령이 모종의 방식으로 우리를 위한 것이라고 (따라서 "세상 끝날까지" 그들과 함께하시겠다는 약속도 우리에게 해당한다고) 이해하는 게 맞지만, 우리가 따르지 않는 구체적인 지시사항이 있다는 것도 인정해야 한다. 우리는 예루살렘에서 성령의 부으심을 기다리지 않았고(눅 24:49; 행 1:4), 우리 중에서 말 그대로 예루살렘이나 유대나 사마리아에서 복음을 전할 사람은 많지 않을 것이다(행 1:8 참고). 대부분의 그리스도인은 마태복음 28장 19절의 명령에 순종하여 "가지" 않고, 세례를 베풀지 않는다. 우리는 대위임령이 직접적인 명령이라기보다는 적용에 의해서 우리 것이 된다는 것을 본능적으로 이해한다.

이것이 중요한 점이다. 대위임령은 일차적으로 사도들에게 주신 것이고, 더 나아가 그들이 남기게 될 교회에 주신 것이다. 따라서 대위임령은 우리가 개인적으로 수행해야 할 직무 내용이 아니라 그리스도의 교회의 지체로서 따라야 할 명령이다. 교회의 사명은 대위임령이다. 그러므로 우리 모두에게는 감당할 역할이 있고, 그 사명이 성취되는 것을 보고자 하는 진지한 열망을 품어야 한다. 우리 중에 문자적 사도는 없다. 우리 중 몇몇은 안수받은 설교자들이고 파송받은 선교사들이다. 우리 모두는 가진 것을 내놓고, 기도하고, 힘을 보태어 교회가 대위임령에 참여하는 것을 볼 수 있다.

성경에서 볼 수 있는 것과 볼 수 없는 것을 인정해야 한다. 먼저, 교회에 선포된 말씀은 교회 안에 머물러서는 안 되고 교회를 통해 바깥 사람들에게 흘러가야 한다는 것을 성경에서 볼 수 있다. 반면에, 모든 대화에서 복음을 이야기해야 한다거나, 정기적으로 신앙을 나눌 수 있는 직업만 정당화될 수 있다거나, 복음 전도가 다른 모든 교회와 교리의 관심사를 압도해야 한다는 말은 성경에서 찾아볼 수 없다. 신약성경은 누가 물으면 우리의 기독교 신앙을 설명할 수 있게 준비하라고, 정직하고 순종하는 삶으로 복음의 매력을 드러내라고 격려한다. 더불어 잃어버린 이들의 구원에 관심을 가지라고 권장한다. 복음을 신실하게 가르치라고 설교사들을 격려하고, 하나님의 말씀의 통로가 되라고 신자들에게 말한다. 신약성경은 우리가 모두 외향인이나 대화에 능한 사람, 낯선 사람에게 복음을 전하는 사람이 되기를 기대하지 않는다.

개혁주의 구원론에 대한 주된 반론 중 하나는 그리스도인들이 무조건적 선택을 믿으면 전도를 하지 않을 거라는 생각이다. 하지만 바울이 로마서 9장("하나님께서는 긍휼히 여기시고자 하는 사람을 긍휼히 여기시고"-18절, 새번역)부터 로마서 10장("내 마음의 간절한 소원과 내 동족을 위하여 하나님께 드리는 내 기도의 내용은, 그들이 구원을 얻는 일입니다"-1절, 새번역)에 이르기까지 논증하는 바는 그와 다르다. 조지 휘트필드나 조나단 에드워즈, 윌리엄 캐리 같은 유명한 칼뱅주의자들이 선포한 말씀과 그들이 살아간 삶도 그와 다르다. 또, 우리는 구원에서 하나님의 주권을 확고하게 믿어야 한다. 그렇지 않으면 만사가, 즉 궁극적 의미에서 모든 일이 우리에게 달려 있다고 생각하게 된다.

하나님은 복음 전도가 신실한 기독교를 규정하는 유일한 특징이 되는 것을 의도하지 않으셨다. 개인 복음 전도를 그보다 더 명시적인 수십 가지 명령보다 더 중요하게 여기면, 우리는 교리적·선교적 원칙을 타협하고 싶은 유혹을 받을 뿐 아니라, 불가능한 과제가 주는 무게에 짓눌리게 된다. 언제나 더 많은 사람에게 말을 걸어야 하고, 더 많은 대화를 나누어야 하고, 더 많은 잃어버린 영혼에게 다가가야 한다고 느낀다. "결코 충분하지 않다"는 부담은 줄어들 줄 모른다.

많은 목사가 이런 사안에 대해 이야기하는 방식도 문제다. 설교자인 나는 청중이 뭔가 잘못했다는 느낌을 받도록 설교할 수 있다. 무릇 좋은 설교를 듣고 나면 모든 그리스도인이 뭔가에 대해 죄책감을 느낀다는 생각은 솔깃하다. 거룩에 대한 설교를 들으면 다들 자신이 거룩하지 않다는 느낌을 받는다. 기도에 대한 설교를 들으면 더 기도하지 않았다는 죄책감이 든다. 전도에 대한 설교를 들을 때마다 불순종했다는 생각에 당혹해한다.

그러나 그런 설교는 건강하지 않고, 건강한 교회를 만드는 데 기여하지도 않는다. 20년 넘게 목회 사역을 해온 나는 이제 설교할 때 반드시 이렇게 말한다. "여러분 중에는 신실하게 기도하는 분이 많습니다", "나는 여러분에게서 경건의 표지들을 봅니다", "여러분 중에는 신앙을 나누는 탁월한 본이 되는 분들이 있습니다".

목사는 진심이 아닌 내용을 설교할 때가 너무 많다. 모두가 모든 방식으로 실패하고 있다고 생각하지 않으면서도 그런 식으로 설교하는 것이 몸에 익었다. 그렇게 설교하면 자신에게 힘이 있는 것처럼 느껴지고, 사실은 그런 설교를 좋아하는 청중도 있기 때문이다. 그 결과, 하나님의 백성은 자신에게는 언제나 (모종의 좋은 훈련이나 실천을) 더 할 여지가 있으며 지금 충분히 하고 있지 못하다는 결론을 내리도록 길들여진다.

하나님은 우리를 모두 똑같은 방식으로 만들지 않으셨고 성경 말씀이 우리를 통해 똑같은 방식으로 흘러나가기를 기대하지도 않으신다. 우리는 설교자나 선교사가 될 수도 있고, 노방전도를 사랑하게 되어 전도지를 나눠주고 집집마다 찾아가는 축호전도를 하게 될 수도 있다. 낯선 사람과 쉽게 대화를 나누는 은사가 있을 수도 있다. 환대가 은사일 수도 있고 글쓰기를 잘할 수도 있으며 공개 토론에 뛰어난 역량을 보일 수도 있다. 삶으로 예수님을 잘 드러내는 우리는 누군가에게 예수님을 전하는 소중한 이웃이 될 수도 있다. 하나님은 우리가 잃어버린 자들을 안타까워하는 마음을 갖기 원하신다. 열방에 이르는 교회의 큰 사명에 힘을 보태기 원하신다. 열린 문으로 걸어 들어갈 준비가 되어 있기를 원하신다.

그러나 하나님은 개인 전도가 그리스도인의 삶의 전부라고 말씀하시지 않는다. 죄인을 구원하는 것은 우리에게 불가능한 일이다. 그 일은 하나님이 하신다. 우리의 역할은 우리에게 온 복음이 반드시 밖으로 흘러나가게 하는 것이다. 하나님이 우리를 만드신 모습대로, 그분이 주시는 모든 기회를 활용해서 그 일을 하면 된다. 복음의 탁월한 영업사원이 되는 그리스도인은 일부겠으나, 좋은 그리스도인이라면 모두 예수님에 대해 이야기하기를 기뻐한다.

4장

바늘귀를 통과한 낙타

G. K. 체스터턴이 어디서 이 말을 했는지 (과연 말하기는 했는지도) 찾을 수 없지만, 그가 이렇게 말했다는 글을 자주 봤고 정말 그가 한 말처럼 느껴진다.

예수님이 요정을 믿었는지 아닌지를 놓고 좋은 토론을 진행할 수 있을 것이다. 관심을 끄는 질문이다. 그러나 안타깝게도 예수님이 부자들은 큰 곤경에 처해 있다고 믿었는지에 대해서는 어떤 종류의 논쟁도 할 수 없다. 이 주제에 대한 증거가 너무 많고 압도적이기 때문이다.

위의 말은 체스터턴이 했을 법한 이야기로 들린다. **부분적으로는** 옳은 말이기도 하다. 부자가 되는 일에는 큰 위험이 따른다. 예수님은 그 논점을 아주 분명하게 밝히신다. 그러나 부자들에게 큰 위험이 있다면, 큰 기회도 있다. 기독교 제자도의 '결코 충분하지 않은' 주요 영역 중 하나는 그리스도인들과 그들의 돈에 관련이 있다. 솔직해지자. 우리 중 많은 사람이 부유하다. 인류 역사상 대부분의 사람들과 비교할 때 분명히 부유하고, 세계에 있는 대부분의 사람들에 비해서도 부유할 것이며, 번영하는 서구의 기준으로 봐도 부유할 가능성이 있다.

성경에는 부유한 압제자들에 대한 비판이 많고 부와 관련된 유혹을 경계하는 본문도 허다하다. 하지만 성경은 부자들을 반대하지도 않는다. 아브라함과 욥은 부유했다. 이스라엘과 유다의 선한 왕들도 마찬가지였다. 예수님의 첫 제자들 중 일부도 그랬다. 예수님의 비유들은 돈을 슬기롭게 다루는 사람들을 자주 칭찬하고, 작은 것을 잘 관리하는 좋은 청지기가 되면 흔히 더 많은 것을 맡는 보상을 받는다. 성경은 부자들이 돈에 대해 갖고 있는 통상적인 견해와 사용 방식에 단호히 반대하지만, 부와 소유 자체에는 반대하지 않는다. 부자들은 예수님을 충성스럽게 따르는 사람이 되는 일을 포기해서는 안 된다.

부자들을 대상으로 복음서를 쓴 저자

복음서를 연구한 사람이라면 다들 알다시피, 누가복음은 부자들에 대해 가장 혹독하게 말하고 가난한 자들에 대한 의무를 가장 많이 강조한다. 예를 들어, 누가복음에 나오는 팔복에서 예수님은 가난한 사람들에게 복을 선언하실 뿐 아니라(눅 6:20) 부자들에게 저주를 선언하신다. "화 있을진저 너희 부요한 자여 너희는 너희의 위로를 이미 받았도다 화 있을진저 너희 지금 배부른 자여 너희는 주리리로다"(눅 6:24-25). 누가는 사복음서 저자 중에서 부와 가난에 대해 가장 많이 이야기한다. 그는 돈을 다루는 방식이 예수님을 따르는 일과 밀접하게 관련되어 있음을 이해할 수 있도록 글감을 선정하고 배치한다.

이런 분명한 강조점이 있다보니, 우리는 누가가 (그리고 그가 기록하는 예수님이) 부자들에게 강경하게 반대하는 사람이라고 생각하기 쉽다. 실제로 많은 그리스도인이 서구 세계의 물질주의나 소득 불평등, 부를 비판하는 '예언자적' 말을 하고 싶을 때 곧장 누가복음을 찾는다. 그런 '예언자적' 말이 필요한 상황도 있겠지만, 그런 말들은 대체로 누가가 목표로 삼고 호소하는 바를 제대로 담아내지 못한다. 누가를 부자들과 맞서는 복음서 저자로 보는 것은 심각한 오류다. 좀 더 정확히 말하면, 그는 부자들을 대상으로 복음서를 썼다.

부와 가난에 대한 누가의 태도를 이해하려면 두 가지를 기억해야 한다.

첫째, 누가는 부자들을 향해 글을 쓰고 있는 것이 거의 확실하다. 그의 두 책 모두 수신자는 데오빌로다(눅 1:3; 행 1:1). 누가복음에서 누가는 데오빌로를 "각하"라고 부른다. 이는 벨릭스(행 23:26)와 베스도(행 26:25) 같은 로마 총독을 부를 때 쓰는 명예로운 호칭이다. 대부분의 학자들은 데오빌로가 모종의 로마 관리였거나 적어도 사회적 지위가 꽤 높았던 사람이고, 회심한 지 얼마 되지 않아서 신앙의 기반을 확고하게 다질 필요가 있었을 거라고 생각한다.

둘째, 누가 본인이 비교적 부유했을 가능성이 높다. 종종 바울과 함께 여행을 다닌 그는 "사랑을 받는 의사"(골 4:14)로 알려져 있었는데, 의사는 그때나 지금이나 배고픈 직업이 아니다. 더욱이 누가의 글을 보면, 그가 높은 교육 수준과 풍부한 여행 경험 및 넓은 인맥의 소유자였음을 알 수 있다. 그는 세계 시민이라 할 만한 이방인 개종자였고 재산도 상당했던 것 같다.

누가는 빈민층 사람들에게 편지를 보내 부자들을 함께 비난하자고 말하는 가난한 이가 아니었다. 누가는 다른 부자(이자 자신과 같은 사람들)에게 편지를 써서 어떻게 하면 부자가 참으로 예수님을 따를 수 있는지 전하려고 한 부자였다는 것이 진실에 가까울 것이다.

이 논지가 이상하게 들리거나 거슬릴 수도 있겠지만, 누가복음과 사도행전을 좀 더 자세히 들여다보면 '구원을 받고' 돈을 제대로 쓰는, 누가의 글에만 나오는 부자들의 사례들을 발견할 수 있다. 누가의 글에는 부자들에게 경고하고 꾸짖는 내용뿐만 아니라, 그리스도의 진정한 제자임을 드러내는 부유한 이들의 사례도 놀랄 만큼 많이 나온다.

누가복음과 사도행전의 관련 자료들을 간단히 살펴보기만 해도 이 논지가 옳음을 알 수 있을 것이다. 부자들이 자주 복음을 잘못 이해하는 것이 사실이지만, 누가는 그들이 제대로 이해할 가능성도 있음을 보여주고 싶은 마음이 성경의 다른 어떤 저자보다 강하다.

누가복음 속 부자와 가난한 사람들

'마리아의 찬가'는 앞으로 거대한 반전이 나타나 가난한 사람들이 높임을 받고 부자들은 내침을 당할 거라고 노래한다(눅 1:51-53). 누가복음은 첫 대목부터 겸손하고 굶주리고 가난한 사람들은 미래에 복을 받을 위치에 있고, 교만하고 높고 부유한 사람들은 위험하다고 말한다.

누가복음 3장에서 세례 요한은 회개가 돈을 벌고 쓰는 방식과 직결되어 있다고 설명한다(10-14절). 그런데 중요한 부분은, 이 본문이 세리나 군인이 되는 것은 압제적인 로마 정권의 공모자가 되는 일이라고 말하지 않는다는 것이다. 로마인들을 위해 일하고 돈을 벌면서도 로마의 죄와 불의에 동참하지 않을 수 있다.

누가복음 4장에서 예수님은 고향 나사렛에서 설교하신다. 그분은 이사야서 61장을 읽으신 후 가난한 사람들에게 좋은 소식을 전하러 보냄을 받은, 성령의 기름부음을 받은 선지자가 바로 자신이라고 말씀하신다(4:18). 이어지는 내용에서 예수님은 복음을 받아들일 '가난한' 사람들의 두 사례를 제시하신다. 먼저 사렙다의 과부를 언급하시는데

(4:25-26), 그녀는 물질적으로 가난한 사람이었다. 그 다음에 수리아 사람 나아만 장군을 언급하시는데(4:27), 그는 물질적으로 부유한 사람이었다. 나아만은 '구원받은' 부자의 첫 번째 사례다. 그는 엘리트 장군이었지만 겸손히 엘리사에게 도움을 청했고 (그의 지시대로) 요단강에 몸을 담갔다.

누가복음 5장에서 예수님은 레위라는 세리를 불러 자신을 따라오라고 말씀하신다. 레위는 모든 것을 버려두고 예수님을 따라갔고, 나중에 많은 세리를 불러 큰 잔치를 열었다(5:27-29). 이는 올바른 일을 하는 또 다른 부자의 사례다. 그는 직업을 버렸지만(적어도 한동안은 그만뒀지만) 재산까지 다 처분한 것 같지는 않다.

누가복음 8장에는 많은 부유한 여자들이 예수님의 사역과 제자들을 후원하며 섬기는 장면이 나온다(2-3절). 자신들의 돈을 제대로 쓰는 더 많은 부자들이 등장하는 대목이다.

누가복음 10장에는 그 유명한 선한 사마리아인이 나온다. 가던 길을 멈추고 길가에 쓰러져 곤경에 처한 사람을 돕는 그가 유명한 것은 합당한 일이다. 여기서 우리는 도움이 필요한 사람의 긴급한 처지를 무시하는 사회 지도층의 부정적 사례들도 볼 수 있다.

누가복음 12장에는 자기를 위해서 살고 마지막 날에 재산이 자기를 구해줄 거라고 믿는 어리석은 부자가 등장한다(15, 20-21절). 부자가 자신의 부에 의지하고 있다면 (아이들 식으로 말하면) 큰일 난 것이다.

누가복음 14장에서 예수님은 하나님 나라를 혼인잔치와 큰 잔치에 비유하신다. 고행과 금욕이 필요할 때가 있기는 하지만, 그것들이 하나님이 그분의 백성을 위해 준비해두신 선한 삶의 모습이라고 할 수는 없다.

누가복음 15장에는 방탕한 생활로 유산을 탕진하고 궁핍해지자 정신을 차리는 탕자가 나온다. 여기서 누가는 (예수님 말씀을 통해) 부의 위험과, 가난한 상태에서 생겨날 수 있는 복됨을 다시 한 번 소개한다. 그리고 마음이 넓은 부자의 또 다른 사례도 등장한다. 탕자의 아버지는 오랫동안 연락이 끊겼다가 돌아온 아들을 위해 앞뒤 가리지 않고 잔치를 베푼다.

누가복음 16장에는 재산을 지혜롭게 사용하는 부자와 재산을 형편없이 쓰는 부자의 사례가 나온다. 먼저, 부정직한 재산 관리인이 있다. 예수님이 나쁜 사람을 좋은 모습의 본보기로 쓰신다는 사실에 너무 개의치 말자. 큰 논점은 아주 분명하다. 천국의 선에 효과적으로 기여할 수 있도록 각자의 돈을 영리하게 사용하고 지상의 재물을 충실하게 쓰라는 것이다(16:8-9). 둘째, 부자와 나사로의 이야기다. 여기에는 같은 장 앞부분에 나왔던 긍정적 사례와 반대되는 부정적 사례가 담겨 있다. 부자는 자기만족에 빠져 호화롭게 살았고 바로 눈앞에 있는 다른 사람의 어려움을 무시했다(16:19-21). 그로 인해 그는 심판의 불길에서 끝없는 고통을 겪어야 한다.

누가복음은 긍정적 사례로 끝을 맺는다. 공회 의원인 아리마대 사람 요셉은 "선하고 의로운 사람"이고, 공회의 결정에 동의하지 않고 빌라도를 찾아가 예수님의 시신을 달라고 요청한다(눅 23:50-53). 고난받은 종이 죽어서 부자와 함께 묻힐 거라는 이사야 선지자의 예언이 이루어진 것이다(사 53:9).

그러면 누가복음을 통해 우리가 알게 된 것은 무엇인가? 부자들이 독특한 위험에 직면한다는 사실이다. 그들은 다른 사람들에게 냉담하고, 거만하고, 교만하며, 속이고, 사기치고, 잘못된 자신감을 갖고, 재산을 어리석게 의

지할 가능성이 있다. 지금 우리가 이렇게 살고 있다면 말세에 뜻밖의 실상을 깨닫게 될 것이라고 누가는 말한다. 모든 것이 뒤집힐 것이기 때문이다. 겸손하고 가난한 사람들이 높이 들릴 것이고, 오만한 부자들은 내침을 당할 것이다.

또, 우리는 부자들이 재물을 신실하게 쓸 수 있다는 사실도 알게 되었다. 부자들은 예수님과 그분의 사역을 지원하고 옳은 일을 지지했다. 영적 유익을 위해 가진 돈을 지혜롭게 썼다. 누가복음의 의로운 부자들은 부유하면서도 관대하고, 모든 잘못을 회개하고, 그리스도의 대의에 충성을 다했다.

사도행전 속 부자와 가난한 사람들

누가복음에서처럼 사도행전에도 부정적 사례와 긍정적 사례가 모두 나온다. 최악의 부자들도 보이지만, 부자가 하나님 나라를 상속하고 그 가치에 충실하게 사는 사례도 나온다.

초대 교회의 신자들은 모든 것을 공동으로 소유했다(행 2:44, 4:32). 첫눈에 보기에 이런 모습은 교회가 초기 형태의 공산주의를 제시한 것처럼 느껴질 수 있고, 많은 이가 이 본문을 그런 식으로 읽어내려 했다. 그들은 이 본문을 보고 "능력에 따라 일하고 필요에 따라 분배한다"는 마르크스주의의 구호를 떠올린다. 좀 더 뒷부분인 사도행전의 11장 29절에는 아예 이렇게 나와 있다. "그 때에 제자들은 각자 능력에 따라 유대에 사는 형제들에게 구호금을 보내기로 결정하고"(한글 KJV). 그러나 초대 교회의 나눔은 두 가지 점에서 공산주의와 구분된다.

첫째, 그들은 사적 소유를 폐지하지 않았다(행 4:34, 37, 5:4 참고). 그들은 여전히 자기 집을 소유했다(이를테면 루디아, 가정 교회들, 마가 요한의 어머니 마리아가 그렇다). 기업 집산화는 없었다. 국가는 토지를 소유하지 않았다. 재산이 있는 사람은 그것을 자신의 생각대로 처분할 수 있었다.

둘째, 소유물의 판매와 분배는 억지로 또는 강제로가 아니라 자유롭고 자발적으로 이루어졌다. 당시의 교회에 존재했던 놀라운 공동체 정신은 국가가 시행하는 공산주의 정신과는 많이 다르다. "모든 것을 공동으로 소유"했다는 표현은 초대 교회의 급진적 너그러움을 묘사하는 말이다. 그들의 모습은 하나님의 백성이 따라야 할 본이었다.

"너희 중에 가난한 자가 없으리라"(신 15:5)라던 약속의 땅의 이상을 교회가 성취하고 있었다. 교회 안의 급진적 너그러움은 하나님 나라가 세상에 들어왔다는 증표다. 어려움에 처한 형제자매들과 가진 것을 나눌 때, 우리는 하나님의 약속된 다스림과 통치가 지금 이곳에서 뿌리내리고 있음을 보여주게 된다. 그것은 땅에서 이루어지는 천국의 작은 조각이다.

사도행전 8장에서 시몬(Simon)은 성령의 능력을 돈을 주고 사려고 시도한다(14-24절). 베드로는 그에게 "네 은과 네가 함께 망할지어다"(8:20)라고 말한다. 교회의 직책을 사고파는 것을 뜻하는 성직 매매(simony)라는 단어가 이 사건에서 나왔다. 성직 매매는 중세에 횡행했다. 시몬은 불의한 부자다.

사도행전 9장의 도르가는 정반대의 사례다. 그녀는 선행과 구제 사업을 많이 하는 사람으로 알려져 있다(36-37절).

루디아는 부유한 여성이었던 것 같다. 자색 옷감(당대의 고급 도매 의류)을 다루는 상인이었고, 바울과 그의 동료들을 자신의 집에 데려가 묵게 했다(행 16:11-15). 이 부자는 "구원을 받는다."

이어지는 이야기에는 "구원받지" 못하는 부자가 나온다. 한 여종이 점을 쳐서 주인들에게 돈을 벌어주고 있었다. 바울이 그녀에게 들린 귀신을 쫓아내자 주인들은 돈벌이 수단이 끊기게 생긴 것에 분개했다. 그래서 연줄을 동원하여 바울과 실라를 치안관들에게 데려갔고, 치안관들은 두 사람에게 매질을 하게 했다(행 16:16-24). 재산에 눈이 먼 부자들이다.

사도행전 17장에는 도시의 많은 귀부인이 예수님을 믿었다고 나온다(4-12절). 더 많은 부자가 그리스도께 돌아오고 있었다.

사도행전 19장에는 에베소에서 많은 사람이 회심하면서 자기들의 여러 이교적 관행을 자백하는 모습이 나온다. 그들은 마술책을 불살랐다. 책값을 계산해보니 은화 5만 냥 어치였다. 그들은 이전의 직업을 버리고 수지맞던 일도 그만둔 채 그리스도께 나아왔다(19:18-19). 불의한 맘몬 숭배를 회개한 부자들이었다.

이 긍정적 사례 직후에 또 다른 부정적 사례가 나온다. 에베소의 은장색 데메드리오는 바울이 신들과 여신들의 모형을 만드는 자신의 사업을 망치는 데 분개했다(행 19:24-27).

종교적·경제적 생활방식이 위협을 받자 사람들이 분노하여 소동을 일으켰다(19:28-29).

비참한 부자와 의로운 부자

지금까지 누가복음과 사도행전에서 재물을 우상으로 삼는 부자들과 재물에 대해 변화된 태도를 보여주는 부자들이라는 짝을 살펴보았다.

누가복음 16장에는 영리한 재산 관리자가 나오고, 그 다음엔 부자와 나사로가 나온다.

사도행전 16장에는 구원받는 부자 루디아의 사례와 구원받지 못하는 부자들인 여종의 주인들이 나온다.

사도행전 19장을 보면 어떤 에베소인들은 큰 경제적 손실을 감수하고 마술을 그만두는데, 우상을 만들어 부유해진 어떤 이들은 복음이 그들의 생활방식을 위협하자 소동을 일으킨다.

이런 짝들은 누가가 엘리트 계급의 부유한 일원이 진심으로 순종하며 그리스도를 따를 수 있는 방법을 데오빌로에게 보여주려고 했다는 것을 강력하게 암시한다.

이 논지를 확신할 수 없다면, 내가 건너뛴 두 개의 명백한 짝으로 돌아가보자. 이 둘은 누가복음과 사도행전에서 가장 중요한 '비참한 부자-의로운 부자' 쌍이다.

성경에서 가장 유명한 부자 두 사람이 누가복음 18장과 19장에 나온다. 먼저 부자 관원이다. 그는 돈에 대한 예수님의 말씀을 듣고 슬퍼한다. 예수님을 따르면 은행 계좌가 타격을 받을 것임을 깨닫고 자신이 선한 사람이라고 여기던 생각에 제동이 걸렸기 때문이다(눅 18:24-25). 이 이야기를 읽고 나면 부자가 구원받는 일은 불가능해보인다. 그 일이 가능하려면 가진 것을 모두 나눠줘야 하는 것 같다. 그러나 예수님은 인간에게 불가능한 것이 하나님에게는 가능하다는 희망을 건네신다(18:27).

"그렇다면, 누가 구원을 얻을 수 있겠습니까?"(눅 18:26, 새번역) 이 질문에 대한 답은 그 다음 장에 나오는 삭개오 이야기에서 들을 수 있다. 삭개오는 돈에 대해 이전과 전혀 다른 태도를 보여줌으로써 회심을 증명한다(19:8). 그는 (예수님이 18장 22절에서 부자 관원에게 요구하신 내용과 달리) 자신의 모든 소유를 문자 그대로 나눠주지는 않았지만, 분명히 변화된 사람이었다. 그는 예수님을 따르려면 남을 속이던 삶을 회개해야 한다는 것을 깨달았다. 삭개오는 재산을 모두 나눠주고 가난해지지는 않았지만 사악함에서 돌이켰고 순종과 너그러움이 담긴 새 마음으로 그리스도를 향해 나아갔다.

또 다른 명백한 짝은 사도행전 4장과 5장에 나온다. 여기서 우리는 "구원받는" 부자 바나바와 시늉만 하는 부자 아나니아와 삽비라 사이의 의도적인 대조를 본다.

바나바는 구브로 지역 토박이였고 레위인이었다(레위인에 대한 토지 소유 금지 규정은 이어지지 않았던 것 같다). 레위인이었던 그는 사회 지도층의 일원이었을 것이다. 토지를 소유하고 있었으니 유대의 상류층이었을 것이다. 유대인 중에서 토지를 소유한 이들은 5퍼센트도 되지 않았을 것이다. 바나바는 밭을 팔아 받은 돈을 사도들에게 가져가 필요한 곳에 쓰게 했다. (흥미롭게도, 누가는 이 선물을 준 사람의 이름을 거리낌 없이 말한다. 이미 다 알려진 사실이었을 수도 있다. 아니면 우리가 복음 전도나 기도의 영역에서 본이 될 만한 사람들을 밝히는 것처럼 나눔의 사례를 밝히는 것이 적절한 일이라고 판단했을 수도 있다.) 그는 성령이 주시는 관대함의 본을 보인 부유한 엘리트 계급의 일원이다.

그 다음 장에는 또 다른 부자인 아나니아와 삽비라 부부가 나온다. 그들도 땅을 팔아 받은 돈을 사도들의 발 앞에 놓았다(행 5:1-2). 그러나 그들은 그 돈에 대해 거짓말을 했다. 사실 그들은 땅값의 일부를 따로 떼어놓았는데, 그 자체로는 더없이 무방한 일이었으나 바나바처럼 그럴싸해 보이려고 돈의 전부를 바치는 것처럼 거짓말을 했다. 하나님은 그분을 속인 그들을 다 죽이셨다(5:5-10). 아나니아와 삽비라의 행동은 바나바의 칭찬할 만한 행동과 상반된다.

누가는 데오빌로와 같은 부자들에게 (그리고 우리와 같은 많은 부자에게) 거듭해서 이렇게 말하고 있는 것이다. 이들처럼 부유하게 살면서 완전히 인생을 망칠 수도 있고, 저들처럼 부유하게 살면서 헌신된 그리스도인의 본이 될 수도 있다.

바늘귀 통과하기

그러면 부자들은 어떻게 하늘나라에 들어갈 수 있을까? '구원받는' 부유한 그리스도인들의 모습은 어떤 것일까? 중요한 것은 '구원을 받는다는 것'이 자신이 부자라는 사실에 늘 수치심을 느낀다는 의미는 아니라는 것이다. 구원받는 것이 가난해지는 것을 의미할 필요도 없다. 소득 불평등을 끊임없이 성토하거나 모든 부는 착취적이라고 생각한다는 의미 또한 아니다.

그러나 그것이 의미하는 바는 분명히 있을 뿐 아니라 아주 많다. 누가복음과 사도행전에 따르면, "구원받는" 부유한 부자가 된다는 것은 (적어도) 다음 일곱 가지를 의미한다.

1. 믿음: 그리스도는 이들의 모든 것, 이들의 전부시다. 우리는 두 주인을 섬길 수 없다.
2. 회개: 모든 속임, 사기, 거짓말에서 돌이키고 자신이 학대한 이들에게는 배상한다.
3. 예수님 우선: 예수님을 수익보다 앞세운다.
4. 베풂: 후하게 베풀어 가난한 사람을 돕고, 복음의 대의를 더욱 발전시키기 위해 기꺼이 기부한다.
5. 선한 청지기: 이들은 거짓말을 하거나 가장하거나 재산으로 권력을 축적하려 하지 않는다. 언제나 슬기롭지만 권력을 갈망하지 않는다.

6. 돈을 신뢰하지 않음: '달러'와 '센트'는 진정한 안전을 보장하지 않는다. 의로운 부자는 지상의 부가 언제까지나 지속될 거라고 생각하지 않는다. 그는 영원히 지속되는 천국의 부유함을 위해 산다.
7. 겸손함: 이들은 자신이 가진 모든 것을 하나님이 주신 선물로 여긴다. 다른 사람들 앞에서 온유하고 하나님 앞에서 온유하다.

다시 말해, 부자들을 대상으로 복음서를 쓴 위대한 저자 누가는 바울이 디모데에게 말한 바로 그 내용을 가르친다.

그대는 이 세상의 부자들에게 명령하여, 교만해지지도 말고, 덧없는 재물에 소망을 두지도 말고, 오직 우리에게 모든 것을 풍성히 주셔서 즐기게 하시는 하나님께 소망을 두라고 하십시오. 또 선을 행하고, 좋은 일을 많이 하고, 아낌없이 베풀고, 즐겨 나누어주라고 하십시오. 그렇게 하여, 앞날을 위하여 든든한 기초를 스스로 쌓아서, 참된 생명을 얻으라고 하십시오. (딤전 6:17-19, 새번역)

그렇다. 낙타는 바늘귀를 통과할 수 있다. 하지만 부에는 많은 위험이 따른다. 돈을 사랑하는 것이 모든 악의 뿌리다(딤후 6:10). 그러나 하나님의 은혜로 부유한 그리스도인, 착하고 충성된 그리스도인은 요정만큼 드물지 않다. 우리는 복음으로 변화를 받아야 한다. 물질적으로 부유한 사람들(우리 대부분이 여기에 해당한다)이 진실하게 예수님을 따르고자 한다면, 하나님을 향한 새 마음, 사람들을 향한 새로운 관대함, 돈에 대한 새로운 태도가 필요하다. 누가를 안내자로 삼으면, 인맥이 좋고 잘 사는 사람들이 복음을 제대로 이해하고 믿는 사례를 많이 발견하게 된다. 물질적 풍요와 영적 풍요는 공존할 수 있다.

5장

죄책감을 먹고 자라는 죄책감

미국에서 학교를 다닌 사람이라면 어느 시점에서 틀림없이 『주홍 글자』를 읽었을 것이다. 1850년에 너새니얼 호손(Nathaniel Hawthorne)이 1640년대 청교도 매사추세츠의 억압적 율법주의를 다룬 이 작품은 미국 문학의 고전으로 자리 잡았다. 이야기의 중심에 있는 헤스터 프린이 딸 펄을 출산했을 때, 그녀의 간통 사실이 지역사회 전체에 알려진다. 헤스터는 처형대 위에 서서 대중의 조롱을 당하고 남은 평생 주홍색의 글자 'A'가 새겨진 옷을 걸치고 살아야 하는 처벌을 받는다.

이제부터 하는 이야기는 스포일러다! (하지만 이 책을 읽을 시간이 거의 200년이나 있었으니, 날 탓하지 마시라.) 이야기가 전개됨에 따라, 죽은 줄 알았던 헤스터의 남편이 보스턴에 정착해 살고 있고 있으며 복수를 꾸미고 있다는 것이 드러난다. 지역사회의 외면을 받은 헤스터와 펄은 보스턴 외곽에 피난처를 구하고 유능한 목사인 아서 딤스데일의 도움을 받는다. 딤스데일은 모종의 심리적 고통에 시달리고 있다. 아마 다들 기억하겠지만, 딤스데일은 사실 헤스터와 간통을 저지른 연인이자 펄의 아버지다. 그는 양심의 고통에 시달리다 마침내 헤스터와 펄과 함께 처형대 위에 올라가 자신의 죄를 고백한다. 그리고 곧 죽음을 맞이한다. 1년 후 헤스터의 남편, 칠링워스도 죽는다. 펄은 결혼을 하고 다른 곳으로 이사를 간다. 헤스터는 선행을 베풀며 혼자 살아간다. 헤스터는 죽어서 딤스데일 옆에 묻히고, 두 사람의 무덤을 아우르는 하나의 비석에는 주홍색 'A'가 새겨진다.

나는 1990년대에 고등학교를 다녔고, 보수적인 지역에서 『주홍 글자』가 청교도들이 지독한 심판자로 군림할 수 있음을 보여주는 이야기임을 이미 배웠다. 호손이 청교도적 뉴잉글랜드를 정확하게 표현했는지, 회개와 믿음, 용서라는 기독교적 개념을 정확히 이해했는지는 중요하지 않다. 『주홍 글자』는 도덕적 기준이 절대적이고 강경하게 적용될 때, 죄가 결코 지워지지 않을 때, 지역사회가 죄인들을 배척과 모욕으로 벌할 때, 인간의 삶이 얼마나 비참해질 수 있는지 보여주는 책이었다.

그런데 이런 모습은 지금도 달라지지 않았다.

떨칠 수 없을 것 같은 죄책감

나는 호손이 청교도 전체를 공정하게 다루었다고 생각하지는 않는다. 하지만 그는 분명 인간의 본성과 양심의 역할, 낙인의 힘에 대해 뭔가를 이해하고 있었다. 오늘날 『주홍 글자』를 읽는 사람은 대부분 자신이 식민지 시대 뉴잉글랜드인보다 훨씬 더 계몽된 존재라고 자부하겠지만, 트위터 세상을 한 시간만 둘러보면 따돌리기와 망신 주기가 현대에도 생생하게 자행되고 있음을 깨닫게 된다.

때로는 우리를 사회의 주변부로 몰아내려고 마음먹은 사람들이 의도적으로 우리에게 주홍 글자 같은 낙인을 찍는다. 성차별주의와 인종차별주의, 연령차별주의, 동성애 혐오증, 환경 오염으로 얼룩진 세상(우리는 세상이 이런 곳이라는 말을 듣는다)에서 점점 더 큰 수치를 느끼는 것은 불가피하며, 심지어 자연스러운 일로 느껴질 때도 있다.

몇 년 전, 「헤지호그 리뷰」라는 잡지에 당시 오클라호마대학교 교수였고 지금은 힐스데일칼리지 교수인 윌프레드 맥클레이(Wilfred McClay)가 매력적이고 중요한 기고문을 썼다. 그 기고문의 제목은 "이상하게 지속되는 죄책감"이다. 여기 그 글의 첫 단락을 소개한다.

> 서구의 선진국에 사는 우리는 갈수록 우리를 단단히 조이는 역설에 빠져 있다. 이 역설의 윤곽과 특성을 지금까지 우리는 제대로 이해하지 못하고 있었다. 이 역설은 현대사회의 심리적 힘으로 죄책감을 이상하게 지속시키고 있다. 지속된다는 말은 오히려 문제를 축소하는 표현이다. 죄책감은 지속되는 정도가 아니라 점점 커지고 전이되어 현대 서구 사회에서 아주 강력하고 널리 퍼진 요소가 되었다. 이전에 그것을 정의하던 풍성한 언어는 시들고 약해져서 담론에서 사라졌으며, 죄책감을 덜어내고 그 영향을 억제하던 수단은 점점 찾기 힘들어졌다.[1]

맥클레이는 니체와 프로이트가 최선을 다했는데도 죄책감이 박멸되지 않았다고 주장한다. 니체는 신의 '죽음'

---

[1] Wilfred M. McClay, "The Strange Persistence of Guilt," *The Hedgehog Review* 19 (Spring 2017).

으로 인간이 더 이상 채무감을 가지지 않을 거라고 믿었고, 프로이트는 죄책감을 주관적이고 감정적인 병리 현상으로 설명함으로써 그 현상이 더 이상 '작동하지 않게' 하려고 했다. 그러나 21세기로 접어든 지 한참 지난 지금, 니체의 공격적 세속주의와 프로이트의 치료적 혁명은 우리 대부분이 떨치지 못하는 느낌, 즉 우리가 충분히 하고 있지 못하며 지금 하고 있는 일도 충분히 선하지 않다는 느낌의 적수가 못되는 것으로 드러났다.

종교가 없는 사람들에게는 상황이 더 절박하다. 기독교적 범주인 구원과 속죄를 기대할 수 없는 상태에서 기독교적 죄 관념의 잔류효과를 상대해야 하기 때문이다. 하지만 그리스도인에게조차도 심리적 충격이 실질적으로 다가온다. 맥클레이가 말하는 '죄책감의 무한한 확장성'이 문제의 일부다. 어디든 날아갈 수 있고, 어디든 전화할 수 있고, 어디서든 뉴스를 접할 수 있고, 어디서 찍은 사진이든 볼 수 있는, 지금처럼 단단히 연결된 세상에서 우리는 지구적 차원의 고통에 짓눌리는 느낌을 피할 수 없다.

힘이 커지면 책임도 커진다. 한때 우리는 지구상의 수십억에 달하는 사람들을 괴롭히는 문제들을 잘 몰랐다. 그러나 이제는 허리케인이나 지진, 살인, 교통사고, 총기 난사, 테러 등이 발생하면 그에 대한 소식을 즉시 들을 수 있다. 그 결과, 우리는 할 수 있는 일이 언제나 더 있다고 느끼게 된다. 1달러라도 더 후원하거나 곰 인형 하나라도 더 보내거나 염소 한 마리라도 더 사주어야 한다고 생각하게 된다. 의무의 테두리는 무한해보인다. 길가에 1만 명의 피해자가 누워 있는 상황에서 그 모든 이에게 선한 사마리아인이 되어야 한다는 말을 듣는 느낌이다.

이 문제를 더욱 복잡하게 만드는 것이 있다. 교회 안팎의 많은 목소리는 우리 대부분이 세상의 구조와 체제에 내재하는 수많은 악에 연루되어 있다고 말한다는 것이다. 우리가 먹는 음식? 윤리적으로 생산되지 않았다. 우리가 보는 스포츠? 억만장자 소유주가 벌이는 착취의 산물이다. 우리가 잔뜩 기대하는 휴가? 휴양지는 누군가에게서 탈취한 땅이고 거기까지 가는 데 사용하는 교통수단은 지구를 뜨겁게 만든다. 어디를 둘러보아도 우리가 얼마나 나쁜지, 얼마나 나쁜 행동을 해왔는지를 이야기한다. 십계명은 잊으라. 의롭고 정의롭게 행하려면 고려해야 할 사항이 백만 가지는 된다.

체제 속의 죄책감

우리는 죄책감이 가득한 사람들이다. 때로는 죄책감을 의식하기도 하지만 더 많은 경우, 막연한 느낌에 시달린다. 우리가 충분히 행동하지 못하고 있고, 지구상의 다른 사람들보다 훨씬 많이 소유하고 있고, 세상에서 일어나는 문제들이 우리 탓일 수 있고, 이제는 정말 뭔가를 해야 한다는 막연한 느낌으로 말이다. 종종 삭개오가 우리의 표본으로 제시된다. 그는 자신의 죄를 사과하는 데 그치지 않고 배상을 했다. 그것은 옳은 일이다. 배상은 완벽하게 합당하고 대단히 성경적이다. 사기를 친 사람은 피해자에게 보상해야 한다. 삭개오는 자기가 속인 사람들에게 배상하는 데 더해 재산의 절반을 가난한 사람들에게 나눠주었다. 그러나 그는 세상의 모든 가난한 이들 또는 유대의 모든 가난한 사람에게 배상한 것이 아니라, 자신이 속여 재물을 빼앗은 사람들에게 (출 22:1에 따라) 네 배로 갚고자 했다(눅 19:8).

삭개오의 순종은 우리의 경우와 달리 (하지만 우리가 본받아야 할 방식으로) 분명하게 이루어졌다. 삭개오가 불법적인 세금 징수 체제 전체에 연루되었다고 느꼈다면, 왜 그가 세리라는 직업을 그만둔 기록이 없을까? 분명 로마제국은 그렇게 걷은 세금으로 악행을 저질렀는데도 말이다. 예수님은 왜 세리들에게 친절을 베푸시고 (그 중 한 사람을 제자로 부르기까지 하시고) 그런 체제에서 나오라고 명하시지 않았을까? 세리들이 세례 요한에게 세례를 받으러 가서 "우리는 무엇을 해야 합니까?"라고 물었을 때, 요한은 그들이 가난한 사람들을 강탈하는 체제에 동조한다고 꾸짖지 않았다. 그는 훨씬 단순하게 이렇게 말했다. "당신들에게 걷으라고 한 것보다 조금이라도 더 걷지 마시오"(눅 3:13, 새한글성경).

세례 요한과 예수님은 로마 군인을 향해 피지배 민족에 대한 로마의 통제를 유지하기 위해 만들어진 제국 체제의 공모자라고 책망하지 않았다. 요한은 그들에게 속여서 빼앗지 말고, 협박하지 말고, 거짓말하지 말고, 봉급으로 만족하라고 말했다(눅 3:14). 사복음서 곳곳에 세리와 군인이 나오지만, 복음서는 그들에게 제국의 지배나 착취 제도에 대한 배상을 말하지 않을 뿐만 아니라, 그들이 속한 체제를 해체하라고 요구하지도 않는다. 경건하게 살고, 다른 사람들을 너그럽게 대하고, 훔친 것이 있으면 갚으라고 분명히 명령할 뿐이다.

더 중요한 것은, 인류가 과거나 현재에 저지른 악행과 어떤 식으로든 연결되어 있는 사람은 그 죄에 책임을 지게 된다는 주장이 실행 가능한 윤리인가 하는 것이다. 이를테면, 우리가 좋아하는 모든 스트리밍 서비스는 성(性)의 상품화로 적어도 부분적으로는 돈을 벌지 않는가? 미국의 영화 제작사 중 상당수와 우리가 좋아하는 스포츠 리그 중 일부는 기본 인권을 무시하는 정부를 지원하거나 방조하는 일에 연루되어 있지 않은가? 우리의 뮤추얼펀드나 해외에서 생산되는 옷과 신발, 우리가 매일 이용하는 온라인 쇼핑몰의 노동 관행에 아무 문제도 없다고 확신할 수 있는가? 그리고 과거의 범죄와 다른 나라 침략에 연루된 기업들과 관계가 있는 상품들(또는 우리가 혜택을 받고 있으면서 그 사실을 알지도 못하는 상품들)은 어떻게 생각해야 하나?

우리가 육체의 일을 벗고 성령의 열매를 맺는 기본적인(갈 5:16-24; 골 3:5-16) 일이 아니라 인기 없는 모든 '주의', 모든 망가진 체제, 문화 안에 너무나 많이 보이는 모든 나쁜 일에 대해 책임을 지도록 부름받았다면, 기독교적 순종은 불가능한 일이 된다.

집단적 책임의 한계

이것은 다음 문제로 이어진다. 과거에 발생한 죄는 어떻게 되는 걸까? 부패한 체제 안에서 살고 일하는 것만으로 자동적으로 유죄가 되는 것은 아니라고 했다. 우리는 전 세계가 이어져 있는 세상에서 살고, 공모 관계는 추적하기가 어렵다. 그러나 악행이 너무나 명백하고 우리와 비슷한 사람이 저지른 경우라면 어떨까? 직계가족의 일원이 저지른 죄라면 우리에게도 모종의 책임이 있을까? 같은 종교를 믿는 사람이라면 어떨까? 과거의 가해자들이 우리와 피부색이 같다면 어떨까? 한마디로, 집단적 책임에 대해 어떻게 생각해야 할까?

나는 이 문제에 대해 솔직하게 답변하고, 내가 어떻게 그런 결론에 도달하게 되었는지 제시하고자 한다. 성경에는 집단적 책임이라는 범주가 있지만, 이 범주를 사용하는 데 있어서는 중요한 제한이 있다.

사도행전은 이 측면에서 이해를 돕는 사례를 제시한다. 하나님은 사람들이 직접 수행하지 않았을 수도 있는 죄에 대해 책임을 물으실 수 있다. 사도행전 2장에서 베드로는 "유대인들과 예루살렘에 사는 모든 사람들"(14절)이 예수님을 십자가에 못 박았다고 비판한다(23, 36절). 그들은 무법한 자들의 손을 빌려서 그렇게 한 것이 분명하다(23절). 그러나 수난주간에 예루살렘에 있던 유대인인 그들은 예수님의 죽음에 모종의 책임을 졌다.

이와 마찬가지로, 베드로는 솔로몬 행각에 모인 이스라엘 사람들을 향해 그들이 예수님을 넘겨주고 빌라도 앞에서 그분을 거부했다고 비판했다(행 3:11-16). 사도행전 3장의 군중에 속한 모든 사람이 그리스도 대신에 바라바를 선택했는지는 알 수 없지만, 베드로는 그리스도의 십자가 처형을 그들의 탓으로 돌리는 것에 부담을 느끼지 않았다. 전부는 아니라도 상당수가 예수님의 죽음을 초래한 일련의 사건에서 적극적인 역할을 했던 것이다. 이것은 회개가 필요한 죄였다(3:19, 26). 사도행전 4장 10절과 5장 30절에서도 비슷한 장면이 나온다. 베드로와 요한은 공회(즉, 산헤드린)가 예수님을 죽였다고 비판했다. 한마디로, 예수님의 마지막 나날 동안 예루살렘에 있었던 유대인들은 그분의 살인에 대해 책임이 있었다.

하지만 무대가 예루살렘에서 벗어나자 다른 내용이

들려오기 시작한다. 베드로는 고넬료(이방인)와 그의 친척과 가까운 친구들에게 설교하면서 그들(예루살렘 유대인들)이 예수님을 죽였다고 전한다(10:39). 더욱 구체적으로, 바울은 비시디아 안디옥의 군중에게 "예루살렘에 사는 사람들과 그들의 지도자들"이 예수님을 정죄했다고 말한다(행 13:27, 새번역). 이 설교가 특히 중요한 것은 바울이 유대인들에게 전하는 설교이기 때문이다. 그는 예루살렘 유대인들의 범죄에 대해 비시디아 안디옥의 유대인들을 탓하지 않는다.

이것은 일관된 패턴이다. 바울은 데살로니가나 베뢰아의 유대인들(행 17장)과 고린도의 유대인들(행 18장), 에베소의 유대인들(행 19장)에게 당신들이 예수님을 죽였다고 나무라지 않는다. 사실 바울은 십자가 처형 후 여러 해가 지나 예루살렘에 돌아왔을 때, 그곳에 있던 유대인들에게 예수님의 죽음에 대한 책임을 묻지 않는다. 공회를 나무라지도 않는다(행 23장). 벨릭스(행 24장)나 베스도(행 25장), 아그립바(행 26장)가 예수님을 죽게 했다고 탓하지도 않는다. 그들은 모두 그리스도를 죽인 통치 기구와 모종의 방식으로 연결된 권력자들이었는데도 말이다.

사도들은 십자가 처형 당시 예루살렘에 있던 유대인들에게 예수님의 죽음에 대한 특별한 책임이 있다고 여겼지만, 그 책임은 모든 고위직 관리나 모든 유대인, 또는 이후 예루살렘에서 살게 되는 모든 사람에게 확대되지 않았다. 사도행전의 나머지 유대인과 이방인도 자신들의 사악함을 회개해야 했지만, 메시아를 죽였다는 비판을 받지는 않았다.

이것은 시공간을 뛰어넘는 집단적 책임은 들어설 자리가 없다는 의미일까? 아니다. 마태복음 23장 35절에서 예수님은 서기관과 바리새인들이 바라갸의 아들 스가랴를 살해했다고 비판하신다. 이 스가랴가 누구인지에 대해서는 의견이 분분하지만, 대부분의 학자는 그가 과거의 인물이며, 그 서기관과 바리새인들이 살던 시기에 살해당한 것은 아니라고 의견을 모은다. 서기관과 바리새인들은 예수님을 업신여겼기 때문에 하나님의 선지자들을 업신여겼던 조상들과 같은 범주에 놓였다(행 7:51-53 참조). 그들이 성소와 제단 사이에서 스가랴를 살해했다는 말이 정당했던 것은 그들 또한 사가랴 시대의 살인자들과 같은 증오심에 사로잡혔기 때문이다.

구약성경에는 이와 유사한 집단적 참회의 사례가 여럿 등장한다. 하나님의 언약 백성인 이스라엘 자손은 자신들의 죄를 고백하고 악한 길에서 돌이켜 하나님이 정하신 언약의 저주에서 나오라는 명령을 받았다(대하 6:12-42, 7:13-18). 에스라(스 9-10장)와 느헤미야(느 1:4-11), 다니엘(단 9:3-19) 같은 이들이 집단적 참회를 이끈 이유가 여기에 있다. 유대인들은 인종과 민족, 지리, 교육수준, 사회·경제적 지위에 따라 한 무더기로 취급되지 않았다.

이스라엘 자손은 하나님 및 서로서로와 자유롭게 언약관계를 맺었다. 위의 세 가지 사례 모두에서 지도자가 집단적 참회를 한 것은 (1) 그가 언약의 백성을 위해 기도하고 있었고 (2) 그 백성 전체가 신실하지 않았고 (3) 지도자 자신이 백성의 행위에 모종의 책임이 있었기 때문이다. 백성의 죄를 알아보지 못한 책임일 수도 있고(스 9:2) 죄에 직접 참여한 책임일 수도 있다(느 1:6; 단 9:20). 저지른 죄에 대한 책임이 대규모의 집단으로 확장되기 위한 조건은 **그 집단의 거의 모든 사람이 죄에 적극 참여했거나, 아니면 과거의 범죄자들과 영적으로 빼닮는 것이다.**

공적 회개의 적절성은 그에 따른 대가를 치르는 장본

인이 우리인지, 아니면 다른 사람인지에 따라 달라진다는 것도 언급해야겠다. 미국 남장로교에 푹 빠진 누군가가 자신이 어린 시절에 존경했던 19세기 장로교인들의 죄에 대해 눈물로 회개하는 것은 상당한 희생을 감수한 일이다. 그러나 사자왕 리처드를 숭배하고 싶은 유혹을 평생 한번도 받아본 적이 없는 대학생들이 십자군 전쟁에 대해 회개하는 참회 부스를 교내에 설치하는 일은 그들에게 별다른 부담이 되지 않는다. 전자가 개인적 애도를 공적으로 표현한 행동이라면, 후자는 (본인의) 공적 미덕과 (타인에 대한) 공적 비판을 개인적인 방식으로 드러낸 것이다.

신포도

예레미야 31장 29-30절(새번역)은 중요한 본문이다.

그 때가 오면, 사람들이 더 이상 "아버지가 신포도를 먹었기 때문에, 자식들의 이가 시게 되었다"는 말을 하지 않을 것이다. 오직 각자가 자기의 죄악 때문에 죽을 것이다. 신포도를 먹는 그 사람의 이만 실 것이다.

신포도를 먹는 일에 대한 속담은 에스겔 18장 2절에도 인용되고, 유다 민족이 지난 세대의 죄로 인해 자신들을 벌하시는 하나님이 불의하시다고 믿었음을 보여준다(18:25). 그들은 "왜 자녀들이 선조의 죄 때문에 벌을 받아야 합니까?"라고 물었다. 그러나 예레미야와 에스겔은 신포도 속담을 인용하여 그들의 항의를 거부한다. 죄를 짓지 않는 사람의 영혼이 아니라, 죄를 짓는 영혼이 죽을 것이다(겔 18:4-9).

예레미야와 에스겔은 신포도 속담이 이스라엘에서 더 이상 쓰이지 않는다고 말하지만, 하나님이 그 속담의 내용처럼 그분의 백성을 대하신 적은 결코 없었다. 하나님이 "나를 미워하는 자의 죄를 갚되 아버지로부터 아들에게로 삼사 대까지 이르게" 하고 "나를 사랑하고 내 계명을 지키는 자에게는 천 대까지 은혜를 베"풀 거라고 약속하신 것은 사실이다(출 20:5-6). 그러나 그 약속의 정확한 표현을 놓치지 말자. 하나님은 "나를 미워하는 자"의 죄를 벌하시고 "나를 사랑하고 내 계명을 지키는 자"에게 은혜를 베풀 거라고 말씀하신다. 이 약속은 자녀들이 부모와 똑같이 행동하는 것을 전제로 한 것이지, 자녀들의 행동과 상관없이 부모의 행위만 보고 벌을 내리거나 은혜를 베풀 것이라는 뜻은 아니었다.

하나님의 언약에 집단적 성격이 있다고 해도 자녀가 부모의 죄 때문에 같은 벌을 받지 않는다는 것은 예레미야와 에스겔 훨씬 이전, 모세 언약 때부터 이미 하나의 원리였다. "아버지는 그 자식들로 말미암아 죽임을 당하지 않을 것이요 자식들은 그 아버지로 말미암아 죽임을 당하지 않을 것이니 각 사람은 자기 죄로 말미암아 죽임을 당할 것이니라"(신 24:16). 자녀들이 그들의 삶의 모습과 상관없이 아버지의 죄 때문에 처벌을 받은 경우는 결코 없었다.

현재를 살아가는 것은 과거에 발생한 죄까지 인정하는 불가능한 부담 없이도 충분히 힘들다. 부모는 분명히 우리의 인생에 막대한 이점 또는 난점을 안겨줄 수 있고, (하나님만 아시는) 우주적 척도에 따라 우리 중 일부는 다른 이들보다 더 많은 특권을 갖고 이 세상에 태어난다. 우리가 지난 시대에 발생한 죄들에 대해 구체적으로 회개할 필요는 없지만, 그런 죄들을 **인정하고 버릴** 수 있다는 말을 덧붙여야겠다.

과거의 죄는 우리와 무관하지 않다. 하지만 우리가 선

택하지 않았고 벗어날 수도 없는 민족적·인종적·생물학적 정체성에 대해 집단적 죄책감을 안고 살아서는 안 된다. 자학은 영적 성숙의 필수요소가 아니다. 우리는 하나님을 사랑하고 이웃을 사랑해야 하지만, 다른 사람들의 실패 때문에 자기를 혐오해야만 그리스도의 제자로 살 수 있는 것은 아니다.

6장

축복과 고통의 산상설교

산상설교는 역사상 가장 유명한 설교가 분명하다. 마태복음 5-7장에 나오는 예수님의 가르침에는 성경 전체에서 가장 친숙한 문구와 구절, 항목이 있다. 이를테면 심령이 가난한 자는 복이 있다, 빛과 소금, (누가 억지로 오 리를 가자고 하거든) 십 리를 동행하라, 원수를 사랑하라, 주기도문, 하늘의 보물, 먼저 그의 나라를 구하라, 비판하지 마라, 황금률, 좁은 문, 반석 위에 집을 지으라 등이다. 그리스도인이 아니어도 많은 사람이 산상설교를 들어보았고, 적어도 친숙한 몇 구절은 안다(출처는 모른다고 해도). 예수님을 따르는 것이 어떤 모습인지 알고 싶다면, 마태복음의 이 세 장에서 사복음서의 다른 어떤 대목 못지않게 분명한 그림을 얻을 수 있다.

이 설교가 워낙 유명하다 보니, 그 내용을 해석하는 데 있어서 상당히 합의가 이루어져 있을 거라고 생각할 수도 있다. 하지만 한 학자가 인용한 최신 분석에 따르면, 산상설교에 대한 서른일곱 개의 서로 다른 해석이 존재한다. 또 다른 주석가는 자신이 올바른 접근법에 이르기 전에 거쳤던 여덟 가지 잘못된 접근방식을 언급했다. 그리스도인들이 산상설교에서 예수님이 가르치시는 내용에 동의하는 경우에도, 그 가르침을 어떻게 (또는 정말로) 적용해야 하는지에 대해서는 의견을 달리한다. 특히, 그리스도인들은 닌텐도 복싱게임 〈펀치 아웃!!〉을 위해 링에 들어서는 사람처럼 산상설교에 접근한다. 우리는 이어지는 매 절을 읽으면서 예수님이 우리를 코너에 몰아붙이고 계속 때려서 굴복시키고 바닥에 쓰러뜨리시려는 것 같은 느낌을 받는다. 마음속에 분노를 품지 말라.—퍽! 음욕을 품고 누군가를 바라보지 말라.—쾅! 땅에 보물을 쌓지 말라.—쾅! 산상설교는 예수님을 따르는 모든 사람에게 자신이 그분을 엉망으로 따르고 있다는 확신을 주려고 하신 말씀 같다.

산상 메시지 이해하기

그러나 이것이 산상설교를 이해하는 최선의 방식일

까? 예수님 가르침의 전반적인 취지가 그분이 제자들을 끊임없는 실패의 삶으로 부르신다는 확신을 주려는 것이란 말인가? 한 걸음 물러서서 산상설교를 그 맥락과 논리 안에서 이해하려고 노력해보자.

첫째, 산상설교는 마태복음 안에 있는 더 큰 패턴의 일부라는 데 주목해야 한다. 산상설교가 특별한 이유는 예수님의 연속된 가르침이고 분량이 아주 많기 때문이다. 그리고 그리스도인들이 오랜 세월 동안 많은 관심을 기울였기 때문이다. 그런데 다른 의미에서, 산상설교는 마태복음에 나오는 여러 구별된 강화(講話, 가르침) 중 하나이다. 예수님의 기원과 출생에 대한 도입부(마 1:1-2:23) 이후, 마태는 자료를 다섯 부분으로 나누고 각 부분을 동일한 패턴으로 구성한다. 하나님 나라에 관한 서사, 그 나라에 대한 강화, 그리고 다음 대목으로 전환하는 진술이 나온다.

- 첫 번째 부분: 그 나라의 도래(서사 2:1-4:25, 강화 5:1-7:29, 전환 7:28-29)
- 두 번째 부분: 그 나라의 침투(서사 8:1-10:4, 강화 10:5-11:1, 전환 11:1)

- 세 번째 부분: 그 나라에 대한 반대(서사 11:2-12:5, 강화 13:1-53, 전환 13:53)
- 네 번째 부분: 그 나라로 인한 분열(서사 13:54-17:27, 강화 18:1-19:2, 전환 19:1-2)
- 다섯 번째 부분: 그 나라의 외견상 패배와 궁극적 승리(서사 19:3-23:39, 강화 24:1-25:46, 전환 26:1-5)

이 다섯 부분 이후에는 예수님의 죽음과 부활에 초점을 맞추는 결론부가 나오는데, 이 결론부의 구조는 예수님의 기원과 출생에 초점을 맞춘 프롤로그를 닮았다. 마태복음은 예수님의 명령을 받아 온 민족에게 가서 제자를 삼으라는 호소와 함께 끝난다.

흥미롭긴 한데 이것이 우리가 산상설교를 해석하는 방식과 무슨 상관이 있느냐고 물을 수 있다. 그런데 산상설교가 마태복음의 더 큰 구조와 진행의 일부라면, 우리는 산상설교의 주제를 마태복음의 나머지 내용과 동떨어진 것으로 이해할 수 없다. 마태는 자신의 공로로 천국으로 들어가라는 율법주의적 호소를 하는 게 아님이 분명하다. 결국 마태복음은 처음부터 예수님이 자기 백성을 그들의 죄에서 구원하러 오셨다고 밝히고 있으니 말이다(마 1:21). 그렇다고 마태가 누구도 들어갈 수 없는 나라에 대해 가르치고, 누구도 통과할 수 없는 제자도 수업을 개설하고, 누구도 실제로 따를 수 없는 명령을 내리시는 예수님의 계획을 다루는 것도 아니다. 예수님이 마태복음 마지막 부분에서 열한 명의 제자들에게 그분이 명하신 모든 것을 가르치라고 말씀하실 때, 이런 말이 별표와 함께 붙어 있지 않다. "하하, 분명 내 명령에 하나라도 순종할 사람은 아무도 없을거야." 이것은 우리가 산상설교에 접근하고 그 설교를 삶에 적용할 때 명심해야 할 두 번째 원리로 이어진다.

둘째, 산상설교의 핵심은 하나님 나라다. 우리는 이것을 산상설교의 도입부와 결말에서 볼 수 있고(마 5:3, 7:21-23) 설교 내내 볼 수 있다(5:10, 17-20, 6:10, 33). 산상설교는 회개하고 하나님 나라의 복음을 받아들인다는 말의 의미를 설명한다(4:17, 23). 예수님의 메시지는 하나님 나라를 건설하고, 그 나라를 창조하고 그 나라를 확장하는 일에 대한 것이 아니다. 예수님의 메시지는 그분의 백성이 하나님의 다스림과 통치가 그들의 삶에 찾아온 것처럼 사는 것을 다룬다.

셋째, 산상설교의 핵심은 제자도다. 마태복음 7장 끝부분에서 군중이 예수님의 말씀을 들으러 다시 한 번 모이지만, 이 설교는 분명 예수님의 제자들을 가르칠 기회로 시작되었다(5:1). 우리는 이후에 나온 신학적 내용을 '제자'의 의미에 편입시켜 이들이 중생하고 의롭다 함을 받은 신자들이라고 가정한다. 그러나 이 시점에서 예수님이 말씀하시는 제자는 여기저기 예수님을 따라다니며 그분의 말씀을 듣고 싶어 하는 사람들을 의미했다. 산상설교는 "하나님 나라의 다스림에는 무엇이 포함되는가?", "예수님을 따른다는 것은 무엇을 말하는가?" 같은 질문에 답한다.

넷째, 산상설교는 하나님의 율법을 재적용한 것이다. 마태복음은 첫 몇 장에 걸쳐 예수님과 모세의 많은 유사점을 밝힌다. 질투심에 사로잡힌 왕의 살해 위협을 받고, 이집트에서 나오고, 요단강을 건너고(홍해를 건너듯), 40일 동안 광야에서 시험을 받고(이스라엘이 40년간 견뎠던 것처럼), 입법자이신 하나님께 받은 가르침을 산에 올라가 전한다. 예수님은 십계명의 참뜻을 더 깊이 드러내고 제사장 나라로 사는 것이 어떤 모습인지 설명하는 새로운 모세시다. 산상설교는 십계명처럼 우리에게 구원자가 필요함을 분명히 드러내지만 그 이상의 것, 곧 우리가 하나님의 백성으로서 어떻게 살아야 하는지 또한 보여준다.

불가능한 기준이 아니다

산상설교를 우리의 죄악됨을 깨닫게 하는 수단으로만 보거나 주로 그런 시각으로 접근하면, 그 설교를 내용 그대로 받아들이지 않은 것이다. 마틴 로이드 존스(Martin Lloyd-Jones)는 이런 상황을 다음과 같이 분명하게 이야기했다.

> 우리 많은 사람은 실제로 은혜의 교리를 잘못 이해한 나머지 주 예수 그리스도의 분명한 가르침을 진지하게 받아들이는 경우가 거의 없습니다. 우리는 모든 것이 은혜이고 예수님의 본을 따라 행하는 방식으로 그리스도인이 되려고 해서는 안 된다는 가르침을 지나치게 강조한 나머지, 사실상 그분의 가르침을 완전히 무시하고 있습니다. 우리는 은혜 아래 있으므로 그 가르침과 아무 관련이 없다고 말하는 자리에 있게 된 것입니다. 저는 여러분이 우리 주 예수 그리스도의 복음을 얼마나 진지하게 받아들이는지 궁금해집니다. 그리고 이 질문에 집중하는 최고의 방법은

산상설교를 직시하는 것이라고 생각합니다.[1]

로이드 존스의 말은 정확한 사실이다. 우리는 산상설교를 거대한 체벌용 주걱으로 바꿔놓았다. 사람을 고통에 비명 지르게 만드는 데는 쓸모가 있을지 몰라도 환영할 만한 도구 또는 삶의 방식은 아니라는 것이다. 이렇게 되면, 모든 민족에게 예수님이 말씀하신 모든 것을 가르치라고 하신 대위임령은 그들이 행할 수도 없고 그들이 지킬 거라고 예수님이 기대하시지도 않는 내용을 가르치라는 명령이 된다.

그런데 산상설교는 불가능한 기준 아닌가? 우리 중 어느 누가 결코 염려하지 않고, 결코 음욕을 품지 않고, 결코 성내지 않고, 결코 거짓말하지 않고, 결코 위선자가 되지 않고, 언제나 원수를 사랑하고, 언제나 황금률을 따르고, 언제나 하나님만을 섬긴단 말인가! 여기서는 참된 순종과 완전한 순종의 구분을 상기하는 것이 유익하다. **결코** 죄를 짓지 않고 **언제나** 옳은 일을 하는 데 매진하지 않고도 진정

---

[1] 마틴 로이드 존스, 『산상설교 상, 하』(베드로서원, 2015).

한 순종을 삶의 방식으로 추구하는 길이 있다. 그런데 이런 유용한 신학적 범주 외에도, 예수님이 우리에게 불가능한 제자도의 방침을 주고자 하신다고 생각하지 않도록 이끌어주는 산상설교 본문의 네 가지 요점이 있다. 이것들에 주목해보자.

첫째, 예수님은 산상설교의 여러 지점에서 우리에게 양자택일을 요구하신다. 우리는 좁은 문과 넓은 문, 쉬운 길과 어려운 길, 생명의 길과 사망의 길 중에서 선택을 할 수 있다(마 7:13-14). 우리는 좋은 열매를 맺는 건강한 나무가 될 수도 있고 나쁜 열매를 맺는 병든 나무가 될 수도 있다(7:17-20). 반석 위에 집을 세워서 안전할 수도 있고 모래 위에 집을 지어 무너질 수도 있다(7:24-27). 선택의 결과는 더없이 엄중하다. 우리가 서기관들과 바리새인들보다 더 의롭지 않으면 결코 하늘나라에 들어갈 수 없을 것이다(5:20). 마음으로 살인을 하면 지옥불에 던져질 것이다(5:22). 음욕에 자기를 내맡기면 지옥에 떨어질 것이다(5:29). 하늘 아버지의 뜻을 행하지 않으면 하늘나라에 들어가지 못할 것이다(7:21). 천국의 소망을 포기하지 않으려면, 예수님의 명령에 순종할 소망도 포기해서는 안 된다.

너무나 많은 그리스도인이 성경의 명령을 어떤 수준에서도 순종하는 것은 완전히 불가능하다고 여기고 본능적으로 제쳐놓는다. 이런 사고방식이 위험한 것은, 낙심해서는 안 될 때 우리를 낙심하게 만들 뿐더러 경고를 받아야 마땅할 때 경고를 무시하게 만들 수 있기 때문이다. "예수님에게 정말로 순종하는 사람은 없어. 누구도 실제로 반석 위에 집을 짓지 않아. 누구도 마음이 청결하지 않아. 정말 좁은 문으로 들어가는 사람은 없어. 진짜로 좋은 열매를 맺는 사람은 없어." 이런 식으로 실패가 정상이라고 확신하게 되면, 복음으로 변화받지 않는 사람들은 진정으로 구원받은 것이 아니라는 성경의 많은 경고(고전 6:9-10; 히 12:14; 계 21:8)를 진지하게 받아들이지 않게 된다. 진정한 제자도가 불가능한 것이 되면, 지옥 또한 불가능하게 되는 것이다. 그러나 산상설교의 예수님은 우리에게 바른 삶의 길을 선택하고 그 길에서 떠나지 말라고 촉구하신다.

둘째, 예수님은 그리스도인의 걸음에 '이미 그러나 아직 아닌'의 차원이 있다는 것을 이해하신다. 예수님은 하늘나라가 가까이 왔다고 선언하시면서(마 4:17) 한편으로는 그 나라가 임하게 해달라는 기도를 우리에게 명하신다

(6:10). 하나님의 뜻이 하늘에서처럼 땅에서도 이루어지게 해달라고 기도해야 한다는 사실은 우리 순종이 늘 천사 같지는 않을 것임을 암시한다. 하늘이 아직 온전히 최종적으로 땅에 임하지는 않았다(계 11:15).

셋째, 그리스도의 나라 백성에게 요구되는 삶의 방식에는 (우리가 잘못을 저질러) 은혜와 용서가 필요할 거라는 인식이 깔려 있다. 이것은 중요한 관찰 내용이지만 우리는 자주 이 내용을 놓친다. 예수님이 "나의 이 말을 듣고 행하"(마 7:24)라고 촉구하셨을 때, 그분은 직전까지 전하셨던 모든 말씀을 염두에 두고 계셨다. 그 말씀 중에 어떤 내용이 있는지 생각해보라. "심령이 가난한 자는 복이 있나니"(5:3), "애통하는 자는 복이 있나니"(5:4), "우리 죄를 사하여 주시옵고"(6:12). 누가가 기록한 산상설교에는 이런 말씀도 있다. "너희 아버지의 자비로우심 같이 너희도 자비로운 자가 되라"(눅 6:36). 산상설교에서 선포된 그 많은 명령 안에는 그것들이 흠 없이 지켜지지는 않을 거라는 인식이 담겨 있다.

이것은 하나님의 도우심이 필요하다는 것을 아는 가난한 심령이 좁은 길로 들어가는 일의 일부라는 뜻이다.

우리의 죄를 애통해하고 하나님의 자비를 구하는 것, 하늘의 아버지께 우리가 매일 짓는 죄의 빚을 없애달라고 구하는 것이 좁은 문으로 들어가는 일의 일부라는 뜻이다. 예수님의 설교는 자멸적인 비참함을 안겨주는 거대한 산이 아니다. 우리가 비참한 죄인일 때 어디서 해결책을 찾을지 아는 지식이 예수님의 모든 명령을 준행하는 일에 포함되기 때문이다.

여기가 양심의 중요성에 대해 말하기 좋은 지점인 것 같다. 막연한 죄책감 또는 일정 수준의 죄책감을 안고 사는 것이 그리스도인의 정상 상태여서는 안 된다. 바울은 양심이 우리를 고발하기도 하고 변호하기도 한다고 말했다는 것을 기억하자(롬 2:15). 양심은 우리가 죄를 지을 때 검사 역할을 맡고 죄를 짓지 않을 때는 변호사 역할을 맡게 되어 있다. 하지만 진실한 영적 신자라면 늘 양심의 가책을 느껴야 한다고 생각하고 사는 그리스도인이 많다. 바울은 그런 식으로 생각하지 않았다. 그는 자기 양심의 증언을 자랑했고(고후 1:12), 심지어 양심에 거리끼는 것이 없다고까지 말했다(고전 4:4). 그것은 그에게 죄가 없다는 뜻이 아니었다. 사실, 그는 주님이 궁극적 심판자시고 자신의 자기 판단은 잘못된 것일 수 있다고 금세 인정했다. 그러나 그리스도인으로서 그의 목표는 깨끗한 양심으로 주님을 섬기는 것이었고 그렇게 사역을 했다고 자주 자랑했다(행 23:1; 롬 9:1; 딤전 1:5; 딤후 1:3).

다시 말해, 바울은 죄를 지었을 때 자신의 죄를 깨닫고 회개했다. 그로 인해 하나님의 은혜를 알고 떳떳한 양심으로 살 수 있었다. 죄를 짓지 않았을 때는 양심의 가책을 일부러 만들어내지 않았다. 적들의 비위를 맞출 요량으로 죄책감을 지어내지 않았다. 바울의 본을 따르려면 우리도 하나님과 사람 앞에서 떳떳한 양심을 갖기 위해 늘 힘써야 한다(행 24:16). (항상) 양심의 가책을 느끼도록 자신을 길들이지 말라. 죄가 있다면 처리하고 그리스도 안에서 용서의 기쁨을 맛보라. 죄가 없다면 실패감에 뒹굴지 말라. 그렇게 한다고 더 나은 그리스도인이 되는 것이 아니기 때문이다.

넷째, 산상설교는 불가능한 기준이 아니다. 예수님을 기쁘시게 하는 것은 불가능하지 않기 때문이다. 대부분의 설교의 경우, 전하는 내용이 돋보일 수 있도록 전하는 자는 작아져야 한다. 그러나 전하는 자가 메시아, 살아계신 하나님의 아들이라면, 설교의 핵심이 설교자 자신이 될 것이다.

산상설교는 우리에게 이런 질문거리를 준다. "우리가 **자기** 때문에 박해를 받을 것이고(마 5:11), 종교 전통이 **자기** 앞에 굴복하고(5:21-22, 27-28, 31-32, 33-34, 38-39, 43-44) **자신**의 말 위에 인생을 건설하면 지혜로운 사람이 되고(7:24), **자신**이 그 앞에 나온 사람에게 최후의 심판을 내릴 것이라고 생각하는 이 사람은 누구인가?" 이 설교를 들은 사람들은 당연히 처음부터 끝까지 예수님의 권위에 대해 깊은 인상을 받았다(7:28-29). 이전의 그 누구도 예수님처럼 가르치지 않았다. 예수님 같은 신인(神人)은 이전에 없었기 때문이다.

산상설교의 길을 걷는다는 것은 예수님과 가까이 걷는다는 뜻이다. 이 설교 전체의 확고한 서브플롯은 이런 질문으로 이루어진다. "너는 나와 함께하느냐? **정말** 나와 함께하느냐? 무슨 일이 있어도 나와 함께하겠느냐?" 산상설교를 따른다는 것은 끝까지 온전히 예수님을 따른다는 것이다.

산상설교의 법은 입법자의 마음을 반영한다. 예수님이 우리를 억압하실 마음이 없으시듯, 그분의 명령들은 우리를 억압하고자 주어진 것이 아니다. 예수님이 오신 것은 우리를 구원하고(마 1:21), 우리가 그분을 따르도록 부르셔서(16:24), 세상 끝날까지 우리와 함께하시기 위해서였다(28:20). 믿지 않고 회개하지 않는 이들에게 예수님은 공포의 대상일 것이다(11:20-24). 하지만 예수님이 하나님의 아들이심을 아는 모든 사람, 그 아들 안에서 안식을 구하는 사람, 그와 동행하고 그에게서 배우기 원하는 이들에게 주시는 멍에는 지기 수월하고, 메기를 요구하시는 짐은 가볍다(11:30).

7장

부탁과 감사

책을 한 권 출간하면 종종 그 책과 같은 주제로 강연 요청을 받는다. 적지 않은 작가가 이와 같은 경험을 해봤을 것이다. 2012년 *The Hole in our Holiness*(『그리스도인의 구멍 난 거룩』)[1]이 출간된 후, 나는 성화(聖化)에 대해 여러 번 설교하고 가르쳤는데, 그 책의 한 챕터를 종종 설교나 강연 자료로 삼았다. 그 책의 5장 "하나님을 기쁘시게 하는 거룩"의 내용으로 가르칠 때 청중이 가장 강렬하게 반응했다. 과장 없이 말하건대, 사람들이 때로는 눈물을 흘리며 다가와 이렇게 말했다. "그리스도인으로 사는 내내 어떻게 이것을 놓쳤을까요?" 나의 가르침이 특별한 게 아니라 진리 자체

---

1 Kevin DeYoung, *The Hole in Our Holiness: Filling the Gap between Gospel Passion and the Pursuit of Godliness* (Wheaton, IL: Crossway, 2012), 63 77. 『그리스도인의 구멍 난 거룩』(생명의말씀사, 2013).

가 사람들에게 감동을 준 것이다. "잠깐만요, 하나님이 저를 정말 기뻐하실 수 있나요? 의롭다 함을 받고 천국행이 정해진 실패자가 되는 것에 만족하지 않아도 되나요? 순종하면서 하나님의 미소를 경험할 수 있나요?" 어떤 면에서 독자가 지금까지 읽어온 이 책은 그 15쪽 분량의 씨앗이 자라서 거둔 수확이다.

그 대목의 논지는 다시 한 번 반복할 만한 가치가 있다. 그리스도인들은 그리스도의 '의'때문에 의롭다 여김을 받는 데 그치는 존재가 아니다(고후 5:21). 우리는 하나님이 기뻐하시는 거룩한 삶을 살 수 있다. 거룩한 삶은 전가된 의의 근거가 아니라 그 의의 열매다. 하나님이 우리의 순종을 기뻐하신다고 말하는 성경 구절을 몇 개만 살펴보자.

> 나의 하나님이여, 주께서 마음을 감찰하시고 정직을 기뻐하시는 줄을 내가 아나이다. (대상 29:17)

> 주님은 힘센 준마를 좋아하지 않으시고, 빨리 달리는 힘센 다리를 가진 사람도 반기지 아니하신다. 주님은 오직 당신을 경외하는 사람과 당신의 한결 같은 사랑을 기다리는 사람을 좋아하신

다. (시 147:10-11, 새번역)

내게는 모든 것이 있고 또 풍부한지라. 에바브로디도 편에 너희가 준 것을 받으므로 내가 풍족하니 이는 받으실 만한 향기로운 제물이요 하나님을 기쁘시게 한 것이라. (빌 4:18)

여러분이 주님께 합당하게 살아감으로써, 모든 일에서 그분을 기쁘게 해 드리고, 모든 선한 일에서 열매를 맺고, 하나님을 점점 더 알고. (골 1:10, 새번역)

자녀 된 이 여러분, 모든 일에 부모에게 복종하십시오. 이것이 주님을 기쁘게 해 드리는 일입니다. (골 3:20, 새번역)

그러므로 나는 무엇보다도 먼저, 모든 사람을 위해서 하나님께 간구와 기도와 중보 기도와 감사 기도를 드리라고 그대에게 권합니다. … 이것은 우리 구주 하나님께서 보시기에 좋은 일이며, 기쁘게 받으실 만한 일입니다. (딤전 2:1, 3, 새번역)

남편 여읜 어떤 여자에게 자녀나 손주가 있다면, 그들이 먼저 자기네 집 식구에게 도리를 다하고 부모에게 은혜 갚아 드리기를 배워야 하네. 이것이 하나님 보시기에 받아 주실 만한 일이기 때문일세. (딤전 5:4, 새한글성경)

선을 행함과 가진 것을 나눠주기를 소홀히 하지 마십시오. 하나님께서는 이런 제사를 기뻐하십니다. (히 13:16, 새번역)

우리가 구하는 것은 무엇이든지 하나님에게서 받을 것입니다. 우리가 하나님의 계명을 지키고, 하나님께서 기뻐하시는 일을 하기 때문입니다. (요일 3:22, 새번역)

걸핏하면 화를 내는 엄격한 하나님의 모습은 여기서 볼 수 없다. 오히려 우리는 이런 구절들을 가지고 올바르게 행하고, 가진 것을 다른 사람들과 나누고, 주님을 경외하고, 한마디로 진실한 마음으로 계명에 순종할 때마다 하나님이 기뻐하신다고 추론할 수 있다.

우리가 심판자 하나님께 너무 집중하다보면 아버지 하나님과 관계 맺기를 잊어버리는 경향이 있다. 두 개념 모두 중요하다. 둘 중 하나를 사용해서 나머지를 눌러버려서는 안 된다. 칭의의 교리는 우리의 심판자이신 하나님을 다룬다. 우리는 유죄거나 무죄이고, 정죄를 받거나 의롭다고 선언되고, 천국으로 가고 있거나 지옥으로 가고 있다. 이것은 양자택일의 관계다. 우리는 안에 있거나 바깥에 있다. 이것은 성경적 범주다. 그러나 우리와 하나님의 관계는 법정뿐만 아니라 가족실에서도 존재한다. 예수님이 제자들에게 기도하는 법을 가르치셨을 때 하나님을 아버지로 여기고 다가가라고 하신 것이 의미심장하지 않은가? 이 관계는 양자택일의 관계가 아니라 역동적인 관계다. 아버지 하나님은 그분의 자녀들에게 화를 내실 수 있고, 사랑하는 자녀들을 훈육하셔야 할 때도 있다. 그러나 아버지 하나님은 그분의 자녀들을 기뻐하실 수 있다(그리고 실제로 기뻐하신다!).

우리 집에는 시끌시끌한 한 무리의 아이들이 있고 나는 언제나 명령을 내린다(은혜와 사랑의 정신으로 명령할 때도 있고, 그렇지 못할 때도 있다). 우리 집 아이들도 어린 아이들이기 때문에 늘 즉각적으로 흔쾌히 순종하는 것은 아니다. 솔직히 말하면, 전혀 순종하지 않을 때도 있다. 그러나 잘 듣고 잘 따르고 미소를 지으며 순종할 때도 있다. 완벽하게는 아니지만 진심으로 순종한다. 내가 큰 아들들에게 방 청소를 시킨다고 가정해보자. 아들들이 내 말대로 방을 청소할 가능성은 맏딸에게 시키는 경우보다 낮겠지만(사실 딸아이의 방은 내가 말하기 전부터 이미 깨끗한 상태일 것이다), 어쨌든 아들들이 내 말을 듣자마자 위층으로 씩씩하게 올라가고, 마음이 묘하게 뜨거워져서 서로 협력하여 어질러진 것을 정리한다면 내가 어떻게 반응할까? 아이들이 몇 가지 물건을 엉뚱한 곳에 놓거나 엄마의 정리 수준에 미치지 못한다고 해서 (아니면 완전히 장인의 솜씨라고 할 만한 내 장모님의 수준에 이르지 못한다고 해서) 그들을 나무라지는 않을 것이다. 양말을 서툴게 갰다거나 침대보가 깔끔하게 정리되지 않았다고 해서 눈을 부라리진 않을 것이다. 아이들이 내 말에 순종하여 열심히, 기쁘게, 지체 없이 행한다면, 내 마음이 잔뜩 부풀어 오를 것이고 더 나아가 한없이 기쁠 것이다. 자녀들이 신뢰하고 순종할 때마다 아빠들은 그들을 기뻐한다.

하늘 아버지의 기쁨은 그리스도인의 삶을 움직이는 주된 동기 중 하나다. 우리는 하나님을 기쁘시게 하는 것을 목표로 삼는다(고후 5:9). 우리는 주님이 그분의 백성을 기뻐하시고(시 149:4), 상한 마음과 통회하는 마음을 기뻐하신다는(시 51:16-17) 것을 안다. 그래서 하나님을 기쁘게 해

드리고(살전 4:1), 주님이 기뻐하시는 일이 무엇인지 분별하라는(엡 5:10) 권면을 받는다.

우리가 하나님을 기쁘시게 해드리는 일이 불가능하다고 생각한다면, 하나님이 그분의 자녀들과 함께, 그리고 그들을 통해 훌륭한 일을 하실 능력이 없다는 결론을 내려야만 한다. 우리는 감독관 같은 하나님이 다른 쪽을 보시기를 바라며 땅바닥만 바라보고 살 필요가 없다. 정반대로, 우리는 하늘 아버지를 기쁘시게 해드리는 일이 가능하다는 것을 안다. 하나님이 우리 안에서 그분의 기쁨이 되는 일을 친히 행하시기 때문이다(히 13:21).

시간을 내는 헌신보다 중요한 성품

'그럼 내가 무엇을 **그만두어야** 하지?'

하나님뿐 아니라 다른 이들이 다가와 나를 사랑하고 내 삶에 관한 멋진 계획이 있다고 말할 때 종종 내 안에 떠오르는 생각이다. 때로는 친구들이 선의로 내게 그런 말을 한다. 그 말이 요구에 가까울 때도 있는데, 그런 경우는 대부분 인터넷 '친구들'이다. 그들은 내가 자신들이 푹 빠져 있는 사안과 관심사에 더 주목해야 한다고 생각한다. 여러분도 분명 같은 경험을 한 적이 있을 것이다. 우리는 직장과 가정에서 이미 과도한 책임을 맡고 있다. 잠잘 시간이 부족하고 휴식이나 여가를 즐길 시간조차 내기 힘들 정도다. 맡은 일로 일정이 넘칠 만큼 꽉 차 있다. 그런데 누군가 우리에게 뭔가를 더하기를 원한다. 좋다. 하지만 내가 그 새로운 좋은 일에 참여하려면, 현재 하고 있는 좋은 일 중 하나를 중단해야 한다. 그때 어떤 일을 중단해야 할지 알려면 도움이 필요할 것이다.

성경은 시간을 내는 헌신보다 성품을 강조한다. 이 사실을 언제 분명히 알게 되었는지는 기억나지 않지만, 내게 중요한 돌파구로 작용했다. '육체의 행위를 죽이라, 내 눈과 언약을 맺으라, 거짓말을 하지 말라, 탐내지 말라, 주님의 이름을 망령되이 일컫지 말라, 너그럽게 베풀라, 오만하지 말고 겸손하라.' 내게 주어지는 이 모든 명령은 어렵다. 이 명령들이 요구하는 경건함이 내 안에서 빠르게, 또는 쉽게 자라지는 않을 것이다. 그런데 여기서 주목할 점은 내가 가난의 원인을 깊이 연구한 상태에서만, 또는 깨끗한 물을 공급하는 사업의 선봉에 서거나 시간 관리 기술의 달인이 되어야만 이 명령들에 순종할 수 있는 게 아니라는 것이다.

하나님의 말씀이 우리의 시간을 요구하는 것은 분명하다. 연로한 부모님을 공경하는 데는 시간이 든다. 환대를 베푸는 데는 시간이 든다. 부모님이 지내실 장기 요양 시설을 살펴보고, 새로 온 국제 가정이 환영받는 느낌을 받게 할 방법을 생각해야 한다. 사랑은 다른 이들을 위해서 기꺼이 짐을 진다. 그러나 이런 과제들이 불가능한 것은 아니다. 여기에는 프로그램이나 사회구조적인 노력보다는 개인적인 활동과 이웃 사랑이 필요하다. 그 범위는 제한적이고 구체적이다. 하나님은 내게 우선순위를 바꾸라고 요구하실 수 있지만, 세상을 바꾸라고 요구하시지는 않는다.

신약성경의 미덕 목록은 이 부분에서 유익하다. 성경이 우리에게 그리스도인들이 어떤 존재인지 전하고자 할 때는 해야 할 일의 목록이 아니라 성격적 특성들을 제시한다. 그리스도인들은 사랑, 기쁨, 평화, 인내, 친절, 선함, 신실, 온유, 절제가 가득하다(갈 5:22-23). 그리스도인들은 긍휼의 마음, 겸손, 온유, 서로 용납함과 서로 용서함을 특징으로 한다(골 3:12-15). 그리스도인들은 시기하지 않고, 자랑하지 않으며, 오만하지 않고, 무례하지 않으며, 이기적이지 않고, 성내지 않고, 원한을 품지 않는다. 불의를 기뻐하지 않고 진리와 함께 기뻐한다(고전 13:4-7). 그리스도인들은 믿음에 덕, 지식, 절제, 인내, 경건, 형제우애와 사랑을 더하려고 모든 노력을 다한다(벧후 1:5-7). 올바른 감정을 표현하고 올바른 대의에 참여하는 일은 그리스도를 본받은 이런 성품을 키우는 것보다 중요하지 않다. "거룩해질 시간을 내라"(찬송 "너 성결키 위해"의 원래 영어 제목—역주)가 "혁명가가 될 시간을 내라"보다 찬송가 가사로 더 적합하다.

기독교가 불가능하게 느껴지는 이유 중 하나는 우리가 유한한 피조물에 맞지 않는 형태의 기독교를 만들었기 때문이다. 시간과 돈, 에너지를 무한히 확보할 수 있다면 힘든 선택을 할 필요 자체가 없을 것이다. 아무 것도 빼지 않고 계속 더해갈 수 있을 테니 말이다. 그러나 우리는 유한한 존재다. 우리에게는 한계가 있다. 많은 한계, 하나님이 부여하신 한계가 있다. 아마 우리가 아는 것보다 더 많은 한계가 있을 것이다. 나는 경영학의 권위자 피터 드러커(Peter Drucker)를 통해 처음 배운 통찰을 자주 되뇐다. 우리에게 **후순위의 일**들(하지 않을 일의 목록에서도 맨 뒤에 있는 것들)이 없다면 우선순위가 높은 일들(하고 싶은 일의 목록 맨 앞에 있는 것들)도 없을 거라는 것이다. 하루에 주어진 시간은 정해져 있기 때문에, 그 시간을 더 창조할 수도 없고 다른 날을 위해 남겨둘 수도 없다. 따라서 우리는 힘든 선택을 내려야 한다. 모든 일을 다 할 수는 없다.

마지막 문장을 좀 더 도발적으로 표현하면 "모든 것에 마음을 쓰는 일조차 불가능하다"가 된다. 무정한 말로 들릴지 몰라도 사실이다. 당신은 타인의 필요와 상처에 깊이 공감하는, 마음이 넓은 사람이라고 자부할지 모른다. 그것은 좋은 일이지만, 아무리 인정 많은 사람이라도 모든 이의 감정을 헤아릴 수는 없다. 선량한 사람도 세상의 극히 작은 일에만 마음을 쓸 수 있을 뿐이다. 인터넷은 우리가 모든 것을 안다고 착각하게 만들고, 그 착각 때문에 우리는 모든 일에 공감하고 모두에게 자비로워야 한다고 느낄 수 있다. 디지털 세계는 우리의 정서적 관심을 갈구하고 (종종 관심을 달라고 소리치고), **뭔가!**를 말해야 하고 **뭔가!**를 해야 한다[2]고

---

2 주의 깊은 독자는 내가 *Just Do Something*(일단 뭔가를 하라)이라는 책을 쓰지 않았느냐고 말할 수도 있겠다. 그 책은 주관주의의 바다에서 길을 잃지 말라는 내용인 반면, 내가 이 책의 문맥에서 다루는 '뭔가를 하라!'는 표현은 세계의 문제들을 해결하라고 우리에게 쏟아지는 요구들을 가리킨다. [Kevin DeYoung,

끊임없이 요구한다.

이런 요구들에는 여러 문제가 있다.

1. 이런 요구들이 있는 것은 인터넷 때문이다. 시간을 엄청나게 거슬러 올라갈 것도 없이 1999년만 해도 인터넷과 아이폰이 어디에나 있지 않았고, 우리가 세계에서 벌어지는 모든 일을 알아야 한다거나, 가장 최근에 벌어진 비극이나 어리석은 일에 대해 견해를 밝히기를 바라는 분위기가 아니었다. 참된 미덕의 정의는 그때나 호주머니에 스마트폰이 있는 지금이나 달라지지 않았다.

2. **뭔가!**를 하라는 요구는 우리가 특정 제안에 집중하게 만든다. 우리는 선거정치, 정부 프로그램, 새로운 관료체제, 의식 고취 같은 포착하기 쉬운 '해결책'에 이끌린다. 이런 것들은 문제 해결에 도움이 될 수도 있고 안 될 수도

Just Do Something: A Liberating Approach to Finding God's Will (Chicago: Moody, 2009)], 『왜 우리는 하나님의 인도를 바르게 받아야 하는가』(부흥과개혁사, 2011).

있지만 '문화의 미덕 채점표'에 올라 있기에 사람들의 관심을 모은다. 이에 반해, 가정을 이루고 교회활동에 참여하고 그리스도를 닮은 성품을 기르는 조용한 삶이 우리의 가장 성가신 문제들에 대한 값진 답변이라고 생각하는 사람은 드물다.

3. 우리가 **뭔가!**를 해야 하는 문제들은 흔히 가장 다루기 힘들고 복잡한 사안이다. 훌륭한 사람이라면 누구도 인종차별, 마약중독, 총기 난사, 노숙인이 존재하는 상황을 지지하지 않는다. 이런 문제들에 대한 단순한 해결책이 있었다면 진즉에 다 해결되었을 것이다. 그러나 인간의 마음은 다루기 힘들고, 쉽게 길들여지지 않는다. 누군가는 그리스도인이 구체적인 죄(이를테면 인종차별이나 낙태)를 회개해야 하고 불의한 특정 법(이를테면 짐크로법-남북전쟁 후 남부에서 노예 해방을 사실상 무효화하기 위해 제정한 일련의 인종차별법-이나 로앤웨이드 판결-임신 24주차까지는 낙태를 허용하는 판결)을 뒤집어야 한다고 말할 수 있다. 또 누군가는 사회구조를 완전히 뜯어고쳐서 죄를 박멸하고 다시는 죄를 지을 생각을 할 수 없게 만들어야 한다고 말할 수도 있다.

그런데 이 둘은 전혀 다른 요구다. 특정 그리스도인이 정치적, 사회적 관심사의 특정 영역에서 앞장서도록 부름을 받을 수는 있지만, 모든 그리스도인에게 모든 일에 대해 뭔가를 말하거나 뭔가를 해야 한다고 요구하는 것은 불합리하다. 예수님을 따르는 사람들이 정치 활동가, 전업 블로거, 지역 사회운동가가 되지 않고도 "잘하였도다, 착하고 충성된 종아"라는 예수님의 말씀을 듣는 길이 분명히 있을 것이다.

사람들 사이의 거리는 좁아지고 죄책감은 커지는 세상에서 우리에게 부과되는 요구들은 평범한 인간이 감당하기에는 너무 무겁다. 선한 사마리아인은 길가에 쓰러져 있는 사람을 돌볼 의무가 있었다. 하지만 세상의 반대편에서 쓰러진 온갖 사람들을 보살펴야 할 의무는 없었다. 우리가 모든 곳의 모든 사람에 대해 부담을 느껴야 할 책임이 있다고 주장하면, 결국 연민을 느끼는 것을 미덕으로 만들게 되고 우리 삶은 지독히 비참해질 것이다. C. S. 루이스는 1964년에 쓴 편지에서 이 점을 아주 잘 지적했다.

전 세계의 슬픈 일을 매일 아침 접한다는 것은 신속한 뉴스 전달

체계가 낳은 해악 중 하나라네. 나는 각 마을이 도울 수 있는 **마을 내의** 질병과 가난에 마음을 써야 한다고 생각하네. 각 개인에게 자신이 도울 수 없는 불행에 마음을 쏟아야 할 의무가 있는 것 같지는 않아. (그런 의무는 우리가 아는 사람들에게 실제로 실천**할 수 있는** 사랑의 행위를 외면하는 **도피수단**이 될 수 있지.) 요즘에는 뭔가를 **걱정하는** 상태 자체가 갸륵한 일이라도 되는 듯 생각하는 사람이 무척 많은 것 같네. (물론 자네는 그렇지 않아.) 내 생각은 달라. 우리가 도와야 할 상황이라면 다른 사람을 위해 자신의 삶을 내놓아야 하네. 하지만 그렇게 하는 동안에도 주님을 즐거워해야 하고, 그분 안에서 친구들, 음식, 잠, 농담, 새의 지저귐, 서리가 낀 해돋이를 즐겨야 한다고 생각하네.³

루이스의 말은 20세기 중반에도 지혜로웠지만 현대에는 더욱 그러하다. 우리는 마음이 쓰이는 상태와 선을 행하는 것이 똑같은 일이라고 여겼다. 물론, 모든 사람을 도와

---

3 C. S. Lewis, *Books, Broadcasts and the War 1931-1949*, vol. 2, *The Collected Letters of C. S. Lewis*, ed. Walter Hooper (San Francisco: HarperOne, 2004), 747748.

야 한다는 의무를 강조하지 않으면 우리는 누구를 돕겠다고 아예 나서지 않게 될 위험이 있다. 하지만 모든 참된 원리는 남용의 가능성이 있다. 그리고 여기서의 참된 원리는 전 세계에 대한 염려를 안고 살거나 지상의 모든 기쁨을 거부하는 것은 아무 가치도 없는 일이라는 것이다.

믿음으로 인정받은 사람들

여러분은 아주 고약한 부고를 본 적이 있을 것이다. 내용이 너무 심각해서 웃어야 할지 울어야 할지 모를 부고들 말이다. 미네소타 주 와바소에서 사망한 캐슬린 뎀로의 부고가 그렇다. 그녀는 시아주버니의 아이를 낳았고 캘리포니아로 이주하여 두 자녀 지나와 제이를 버렸다. 아이들은 조부모 슬하에서 자랐다. 부고의 마지막 단락은 캐슬린이 5월 31일에 죽었고 "이제 심판에 직면할 것"이라는 내용이 담겨 있다. 마지막 문장은 누구도 요지를 놓치지 않도록 이렇게 단단히 밝히고 있다. "지나와 제이는 망자를 그리워하지 않을 것이고, 망자가 떠남으로 이 세상이 더 좋아졌다고 여긴다."[4]

감사하게도, 사람들의 인생은 대부분 조금 더 낙관적으로 요약될 수 있다. 목사인 나는 장례식에 많이 다녔는데, 매번 친구들과 가족들은 고인에 대해 기억할 만한 좋은 일들을 많이도 찾아냈다. 때로는 **지나치게** 많이 그랬다. 대부분의 고인은 장례식 추도사가 내세우는 것만큼 훌륭하지 않고, 자녀들의 눈에 비친 템로 만큼 형편없지 않다.

이 책에서 내가 추구하는 바는, 나쁜 사람들을 실제보다 나아 보이게 하거나 훌륭한 사람을 흠 하나 없어 보이게 만드는 것이 아니다. 내 목표는 우리가 착하고 충성된 그리스도의 종들을 착하고 충성된 그리스도의 종들로 바라보게 되는 것이다. 히브리서 11장 39절(새번역)에 따르면, "이 사람들은 모두"(아벨, 에녹, 노아, 아브라함, 사라, 이삭, 야곱, 요셉, 모세, 라합, 기드온, 바락, 삼손, 입다, 다윗, 사무엘, 선지자들, 그리고 다른 많은 이름 모를 남녀들)가 "믿음으로 말미암아 인정(을) 받"았다. 이 진술에는 두 가지 주목할 점이 있다. 첫째, 이 남

---

[4] "Mean Obituary for Minnesota 80-Year-Old Says She Will Not Be Missed," ABC News, June 5, 2018, https://abc7ny.com/.

녀들은 각자가 믿음으로 행한 일에 따라 인정을 받았다. 둘째, 이 남녀들이 인정을 받았다. 이들은 다양하게 섞인 영웅의 무리다. 이들 안에는 거짓말쟁이, 사기꾼, 의심하는 사람, 뽐내는 사람, 매춘부, 살인자, 간통자도 있다. 믿음의 전당에 올라 있는 거의 모든 사람이 각자의 죄와 잘못 때문에 쉽사리 그 자리에서 축출될 수 있을 것이다. 하지만 성경은 그들 각 사람을 인정받을 만한 인물로 제시한다. 그들의 죄를 덮고 넘어가야 해서가 아니라 하나님의 약속에 대한 믿음으로 그들이 큰일을 해냈기 때문이다. 각 사람이 얼마나 "잘했는지" 알아내려면 우리가 천국에 갈 때까지 기다려야 하겠지만, 대체로 히브리서 저자는 그들이 상당히 큰일들을 제대로 해냈다는 것을 보여주고 싶어 한다.

사실 나는 우리가 이 불가능한 형태의 기독교를 정말로 믿는다고는 생각하지 않는다. 우리는 기독교 제자도의 훌륭한 본이 되는 산 사람과 죽은 사람을 너무나 많이 알고 있다. 우리는 영적 실패의 수용도 참된 경건에 속한다고 믿지만, 착하고 충성된 종답게 살았던 부모나 목사, 친구나 가족, 선교사나 할머니들을 떠올릴 수 있다. 그들은 하나님의 실망을 받아내는 샌드백이 아니라 그리스도를 위한 용사들이었다.

우리는 사도 바울이 위압적이고 근엄한 인물이라고 생각하지만 나는 그가 얼마나 뛰어난 격려자였는지 묵상하기를 좋아한다. 바울은 다른 사람들에게서 나타나는 은혜의 증거를 늘 알아보고 그것을 밝혔다. 두기고는 주 안에서 진실한 일꾼이었다(엡 6:21). 에바브로디도는 동역자요 전우였다(빌 2:25). 누가는 사랑받는 의사였다(골 4:14). 디모데는 신앙 안에서 진실한 아들이었고(딤 1:4), 빌레몬은 사랑하는 동역자였다(몬 1절). 로마서 16장에서 바울은 브리스가와 아굴라가 생명의 위험을 무릅쓰고 자신의 목숨을 구해주었다고 칭찬한다. 그는 사랑하는 에배네도, 사랑하는 암블리아, 사랑하는 스다구, 사랑하는 버시에게 문안한다. 그리고 그는 루포의 어머니가 자신의 어머니와 같다며 감사를 전한다. 내가 제일 좋아하는 인사다. 바울은 깊은 애정과 한결같은 격려의 사람이었다. 그는 사역의 목적이 마지막 날에 자신의 영적 자녀들을 자랑하는 것이라고 자주 말했고, 이 말은 평범한 기독교 제자도 안에 자랑할 만한 것이 있음을 암시한다(롬 5:15-18; 고후 1:12-14; 빌 2:16-18; 살전 2:19-20). 그는 충성과 용기가 가능하다는 것을 알았고,

어디서든 충성과 용기를 발견할 때마다 그것을 칭찬하기를 좋아했다.

바울이 그러하다면, 하나님도 분명히 그러하시다.

8장

조용한 삶

대학생 시절, 걸어가면서 기도하다가 '세상을 변화시키는 일의 일부가 되고 싶다'는 마음이 강하게 들었던 기억이 생생하다. 기분이 나쁘지 않았다. 나는 정말로 그리스도를 위해 세상을 변화시키고 싶었다. 복음을 선포하고 죄와 무기력 상태에 있는 세상을 흔들어 깨우고 부흥과 개혁을 보고 싶은 마음이 간절했다. 나는 지금도 여전히 그런 일들을 간절히 원한다. 하나님은 대단한 일들에 뛰어들 만큼 열정적이고 그 일들이 이루어질 거라고 생각할 만큼 이상주의적인 젊은이들을 통해 역사 속에서 놀라운 일들을 행하셨다. 이 책은 '급진적'과 '열정'이라는 단어를 나쁜 뜻으로 만들려는 것이 아니다.

하지만 그런 단어들이 전부는 아니며, 언제나 유용한 것도 아니다. 모든 일에 한결같이 열정을 보이는 이들도 있겠지만, 대부분의 보통 사람들은 예상 가능한 일과로 이루어진 삶에서 안정을 찾을 것이다. '안정되다'라는 단어가 수동성을 의미한다면 부정적으로 쓰일 수 있겠지만, 끊임없이 불안정한 상태의 반대를 의미한다면 긍정적으로 쓰일 수도 있다.

선교사가 되어 모든 것을 뒤로 하고 타지로 나가 복음을 전하며 산다고 해도, 대부분의 나날은 예측 가능할 것이다. 그리고 얼마 후에는 그 생활이 상당히 평범하게 느껴질 가능성이 높다.

그리스도인인 우리가 어디에 살든, 우리 삶은 똑같은 일들로 채워질 것이다. 식사와 수면, 청소, 웃음, 울음, 아이들 돌보기, 교회 가기(또는 교회 개척에 힘쓰면서 다른 신자들과 함께 모이기), 기도하기, 성경 읽기, 다른 이들과 사이좋게 지내려 노력하기, 다른 사람들의 삶에 변화를 일으키려 노력하기 등 말이다. 하나님이 '평범한' 삶을 기뻐하지 않으신다면 우리 대부분을 기뻐하지 않으실 것이다. 우리의 하루하루는 대체로 평범하기 때문이다.

젊은 그리스도인의 열정과 이상주의에는 강력한 힘이 있다. 그것이 당신의 모습이라면, 다른 신자들 때문에 열정이 식는 일이 없도록 하자. 그러나 연령대가 높은 그리스도인의 꾸준한 일관성과 한결같은 힘에는 지혜가 있다는 것도 기억하자. 내가 젊은 시절보다 덜 '과격'하다는 것은 분명하다. 그것이 이전만큼 내 죄와 열심히 싸우지 않는다거나 그리스도의 대의를 위해 모험에 나서기를 주저한다는 의미가 되지 않도록 조심해야 할 것이다. 그것이 내가 이전만큼 감정과 의사가 널을 뛰지 않고, 병적인 내성에 빠지지 않으며, 열정적이지 않은 다른 사람들을 섣불리 판단하지 않는다는 뜻이기를 바란다.

나는 가정생활을 통해 많은 것을 배웠다. 기질이 낙천적이고 매사에 놀라울 만큼 '느긋한' 아내와 결혼한 것은, 성숙하고 사랑을 나누는 그리스도인이 되는 방식은 많고 다양하다는 사실을 깨닫는 데 도움이 되었다. 아내만큼 친절하고 다른 사람을 잘 배려하는 사람은 드물다. 우리가 섬긴 모든 교회에서 사랑과 존경을 받았던 그녀지만 열정을 수치화한다면 점수가 아주 낮게 나올 것이다. 또, 많은 자녀를 기르면서 사람이 엄마 뱃속에서 나올 때 성격의 아주 많은 부분을 타고난다는 것을 알게 되었다. 부모가 되면서는 일상적인 일에 익숙해질 수밖에 없었다. 아이들과 함께하는 삶은 일상적인 일의 연속이니 말이다. 아이들은 씻기고, 먹이고, 숙제를 봐주고, 수영장에 데려다주고, 새 신발과 새 옷을 사주고, 새로운 태도를 갖추게 해주고, 또 먹여야 하는 존재가 아닌가.

아이들과 함께하는 삶은 평범한 동시에 비범하다. 우리는 결혼하고, 자녀를 갖고, 결혼생활을 유지하고, 아이들을 교회로 데려가고, 그 아이들에게 믿음을 가르치고, 신발을 사주고, 아이들이 친절하고 용감한 그리스도인 어른이 되도록 훈련시키는 일이 급진적 제자도와는 다른 어떤 것이라고 생각하게 만들었다. 이것은 우리가 교회에 저지른 몹쓸 짓 중 하나다. 우리 또한 "나그네"(벧전 1:1)라는 사실을 기억한다면, 예레미야가 바벨론에 유배된 유대인들에게 건넨 권고가 우리에게도 좋은 조언이 될 것이다. 정착하라, 가정을 꾸리라, 임시로 사는 도시의 평안을 구하라(렘 29:4-7). 우리가 다른 이들을 사랑하고, 자녀들을 훈육하고(생물학적으로든 영적으로든), 좋은 교회의 일원이 되고, 우리의 믿음과 소유물을 다른 이들과 나누는 방식으로 예수님을 따르고 있다면, 우리는 틀림없이 엄청나게 대단한 **뭔가를 하고** 있는 것이다.

조용한 장소

어린이들은 조용한 환경을 원하지 않는다. 교사들은 입술에 손가락을 대고 학생들에게 조용히 하라고 말한다. 부모들은 아이들에게 조용히 놀라고 말한다. 교회를 가거나 비행기를 타거나 극장에 있을 때는 조용히 해야 한다. 어린 시절 일요일마다 한 시간씩 내 방에서 '조용히 쉬는 시간'을 가지라는 말을 들었다. 그리고 이제 부모가 된 나는 아이들에게 똑같은 것을 시키려고 (흔히 헛되이) 시도한다. '조용히 쉬는 시간'에 대한 아이들의 반응을 본다면 내가 아이들을 쇼생크 교도소 독방에 한 달 동안 집어넣기라도 하는 줄 알 것이다.

어른이 되고 보니 조용함에 대한 생각이 전혀 달라진다. 물론 자녀들이 장성하여 떠나고 둘만 남은 부모들은 집이 **지나치게** 조용하다고 말하겠지만, 아이들을 기르느라 바쁜 시기의 부모에게 고요는 드물고 귀한 선물이다. 혼란스러운 일상의 한복판에서 고요는 읽을 시간, 생각할 시간, 바깥에 앉아 거리의 소리와 자연의 소리에 귀를 기울일 시간을 의미한다. "너희는 가만히 있어 내가 하나님 됨을 알

지어다"(시 46:10). 이 말씀의 핵심은 조용히 있으라는 것이 아니라 하나님이 우리를 위해 싸우시니 우리가 안식할 수 있다는 것이다. 기독교가 탈진의 원인이 아니라 피난처가 되려면 우리에게 그런 안식의 시간이 필요하다.

바울이 디모데에게 기도하라고 권면하는 내용에 주목한 적이 있는가?

> 그러므로 나는, 무엇보다도 먼저, 모든 사람을 위해서 하나님께 간구와 기도와 중보의 기도와 감사를 드리라고 그대에게 권합니다. 왕들과 높은 지위에 있는 모든 사람을 위해서도 기도하십시오. 그래야 우리가, 아주 경건하고 품위 있는 삶과, 조용하고 평화로운 삶을 살아갈 수 있을 것입니다. (딤전 2:1-2, 표준새번역)

이 말씀에서 핵심 단어는 "그래야 우리가"이다. 우리는 모든 사람을 위해 기도해야 한다. 큰 권세와 영향력을 가진 사람들을 위해서도 기도해야 한다. **그렇게 하는 목적은** 우리가 신실하고 정직하고 평범한 삶을 영위하는 데 있다. 지위가 높은 사람들은 그리스도인들의 삶을 힘들게 만들 수 있다. 그들은 교회를 적극적으로 핍박할 수 있고, 그 정도는 아니라도 예수님을 위한 헌신을 훨씬 더 어렵고 위험한 일로 만들 수 있다. 바울은 박해와 학대를 바라지 않는다. 그리스도인들이 간섭과 괴롭힘 없이 그들의 일을 할 수 있도록 허용해줄 왕을 원한다. 그는 평화롭고 조용한 삶을 위해 기도한다.

교회에서 이 말씀을 강조하는 것을 듣기는 어렵다. 교회에서는 우리가 해야 하는 모든 일, 우리에게 달려 있는 모든 것을 강조한다. 우리가 사람들에게 "아주 경건하고 품위 있는 삶과 조용하고 평화로운 삶"을 위해 기도한다고 말하면, 그들은 그것이 성경이 권고하는 대로 행하는 일이 아니라 변절이라고 비난할 가능성이 높다. 우리는 (문제 많은) 현 상황을 강화한다는 비난을 받을 것이다. 그러나 '경로 유지'는 잘못된 방향으로 가고 있을 때만 잘못된 일이다. 그렇다. 우리는 분명 세상의 빛과 소금이 되어야 한다. 하지만 왜 경건한 삶은 매력이 없고 품위 있는 삶은 밝게 빛나지 않는다고 생각할까?

(적어도 미국의) 평범한 복음주의권 교회가 기대하는 바에는 그리스도인들이 활동적이고 진취적이 되도록 몰아가

는 면이 있다. 활동성과 진취성이 잘못된 것은 아니지만 우리에게 그런 특성들만 필요한 것은 아니고 그것들 자체가 성경적 미덕인 것도 아니다. 우리는 '조용함'(quiet)이 (인간의 노력을 부정하는) 정적주의(quietism)로 바뀌는 것을 원하지 않고, '활동적'이라는 말이 과잉행동을 요구하는 것으로 변질되는 것을 원하지도 않는다. 최상의 복음주의 정신은 우리가 명목상의 그리스도인으로 만족하는 것은 위험하고 예수님을 구주와 주로 인정하고 사는 것이 필요하다고 상기시킨다. 최악의 복음주의 정신은 '예수님을 위한 전적 헌신'을 특정한 성격 유형 및 세상을 바로잡기 위한 정규 프로그램과 동일시한다. 우리는 그리스도의 대사이지 그분의 (판에 박힌) 아바타가 아니라는 것을 기억해야 한다.

불안한 시대의 행복한 그리스도인

우리 시대의 한 가지 거대한 역설이 있다. 거의 모든 것이 좋아지고 있지만 우리 기분은 안 좋아진다는 것이다. 분명, 세상에는 나쁜 소식이 아주 많고, 당장의 개인적 상황이 상당히 어려울 수 있다. 그러나 전 지구적이고 역사적인 규모로 볼 때, 우리는 놀라운 시대에 살고 있다. 지금 상태에 익숙하고 뉴스에는 주로 나쁜 소식이 나오다보니 알아차리기 힘들 수 있지만, 생각할 수 있는 지상의 거의 모든 척도로 볼 때 우리는 지금 세계 역사상 가장 건강하고 안전한 번영의 시대를 살고 있다.

세계 총생산액은 1500년에 4,300억 달러였다가 1820년에 1조 2,000억 달러로 세 배 늘었다. 그러다 1900년이 되자 3조 4,000억 달러로 증가했다. 2018년에 세계 경제 생산량은 121조 달러였고, 21세기 말에는 600조 달러가 될 것으로 추산된다. 일인당 세계 총생산액은 그리스도 시대부터 1800년 무렵까지 거의 늘지 않았다. 그러나 산업혁명과 자유시장 자본주의의 도입 이후 일인당 국내 총생산액이 급증하여 전 세계의 실질적 생활수준은 열 배나 높아졌고 부자 나라들에서는 그보다 훨씬 높아졌다. 세계 생산량 그래프를 보면 역사상 대부분의 기간 동안 그래프의 선이 수평을 유지하다가 1800년에 상승하기 시작하고 1900년경에는 수직 급상승한다.

세계의 극빈 인구는 1830년에 84퍼센트였다. 오늘날 그 비율은 8.6퍼센트다. 1952년 이후 사람들 사이에서나 국가 간에나 전 세계적으로 불평등이 감소했다. 도시 슬럼가에 사는 사람들의 비율은 1990년 이래 모든 대륙에서 크게 줄었다. 사람들은 노동 시간이 줄었는데도 훨씬 더 부유하다. 1950년에 사람들은 연평균 2,123시간을 일했지만 2017년에는 1,723시간 일했다.

지난 수십 년간 아시아와 유럽, 북미에서 나무로 덮인 지역이 점점 늘었다. 지금 유럽에는 중세 때보다 나무가 더 많다.

1960년 이래 민주 국가의 수는 꾸준히 늘어왔고 독재 국가의 수는 급감했다. 지구상에는 70년 전보다 전쟁이 훨씬 적다.

지진이나 홍수, 산불, 전염병 같은 자연재해로 죽을 가능성은 지난 100년 사이에 99퍼센트 줄었다. 세계 문해율은 1820년에 10퍼센트였지만 오늘날에는 90퍼센트다. 1820년에 전 세계 평균 수명은 서른 살이었지만 이제는 일흔두 살이다. 전 세계 영아사망률은 1950년 이래 급감했다. 결핵과 말라리아 발생률은 2000년 이후 크게 줄었다. 인구 10만 명당 암으로 인한 사망자는 1995년 이래 줄어들었다.

업무 관련 사망도 줄었다. 아동 노동이 줄었다. 1800년에는 지구상 60퍼센트의 국가에서 노예제가 합법이었다. 노예제는 인류 역사 내내 꾸준히 있었는데, 지난 200년 동안 합법적 노예제가 거의 존재하지 않게 되었다.

여러 면에서 지구도 더 건강해졌다. 국내 총생산 1달러당 탄소배출량은 1960년 이래 줄곧 감소했다. 세계는 1980년보다 더 많은 석유를 생산하고 석유 비축량도 더 많다. 우리는 물을 더 효율적으로 사용한다. 깨끗한 물을 쓸 수 있는 비율이 1990년 이후 세계 인구의 75퍼센트에서 90퍼센트로 증가했다. 우리는 50년 전만 해도 들어본 적이 없던 수준으로 농산물을 생산한다. 감염병도 감소하고 있다.

1900년에 미국의 가정은 지출의 80퍼센트를 필수품(의식주) 구매에 썼다. 지금은 의식주에 지출의 50퍼센트도 쓰지 않고, 그러면서도 예전보다 더 큰 집에서 산다. 1900년 미국 신규 주택의 평균 크기는 65제곱미터였고, 1972년에는 158제곱미터였으며, 2018년에는 245제곱미터였다. (그러면서도 가족 구성원의 수는 훨씬 줄었다.) 1900년에는 누구도 갖지 못했던 것들, 이를 테면 전기, 냉장고, 자동차, 실내 배관, 라디오, 에어컨, 디지털 카메라, 컴퓨터, 인터넷 등을 사용한다. 이것들은 사실상 미국과 전 세계 많은 나라의 거의 모든 가정에 있다. 1800년에는 1,000루멘시(1루멘시는 1루멘의 광원이 1시간에 내는 광량이다)의 빛을 얻는 데 5.4시간이 걸렸다. 1900년에는 0.22시간이 걸렸다. 이제는 1,000루멘시의 빛을 얻는 데 0.00012시간이 든다. 한때 사람들은 말 그대로 그저 빛을 꺼뜨리지 않기 위해서 열심히 일해야 했다. 지금은 24시간 내내 전등을 켜놓아도 신경 쓰지 않게 되었다. 전 세계에 걸쳐 우리는 더 부유하고, 더 건강하고 더 안락해졌고, 과거 그 어느 때보다 오래 산다.[1]

하지만 우리가 더 행복해졌을까?

그럴 수도 있고, 아닐 수도 있다. 나는 촛불을 계속 켜놓기 위해서만 매주 반나절 이상을 일해야 했던 시절로 돌아가고 싶지는 않다. 하지만 불안이 커지고 있는 것은 분명하다. 부(富)는 우리를 더 지혜롭게 만들지 않았다. 번영은 마음의 평화를 안겨주지 않았다. 삶은 더 안락해졌지만 더

---

[1] 위에 쏟아진 수치들은 다음 책에서 가져왔다. Ronald Bailey and Marian L. Tupy, *Ten Global Trends Every Smart Person Should Know: And Many Others You Will Find Interesting* (Washington, DC: Cato Institute, 2020).

복잡해지기도 했다. 이론상으로는 거의 무제한의 선택지가 있으면 좋을 것 같지만, 현실에서의 우리는 무엇을 하고 어디서 살고 누구와 결혼할지 몰라 곤경에 빠져 있다. 우리는 친구들이나 낯선 이들과 연결되고 싶어 하지만, 24시간 내내 펼쳐지는 비교와 경쟁은 우리와 맞지 않는 삶의 방식인지도 모른다. 뉴스, 정보, 의견을 쉬지 않고 접하고 싶은 마음이 있지만, 그것이 우리 영혼과 뇌에 어떤 영향을 미칠지 몰라 우려하기도 한다.

그러나 우리에게는 예수님이 있다. 그렇지 않은가? 예수님은 우리를 죽음의 두려움과 삶의 염려에서 자유롭게 하실 수 있다. 우리가 어떻게 살고 무엇을 할지 가르쳐주실 수 있다. 우리가 실제로 어떤 존재인지 알려주실 수 있다. 우리를 우리 죄에서 구원하시고 인생에서 정말 중요한 것을 보여주실 수 있다. 예수님과 동행한다면 견고한 기쁨과 쇠하지 않는 보물을 얻는 것이 가능하다.

하지만 우리가 기독교와 관련된 모든 것을 불가능한 일로 만든다면 얘기가 달라진다. 예수님을 따르는 것을 세금 신고만큼이나 복잡하게 만든다면 말이다. 하늘에 계신 아버지를 기쁘시게 하는 것을 지루하고 혐오스러운 일로 만든다면 얘기가 달라진다. 영적 만찬을 기대하며 입맛을 다시는 대신에 영적 패배 상태에 주저앉는다면 얘기가 달라진다. 삶은 쉽지 않다. 그리스도인이 되는 것은 쉽지 않다. 하나님 나라에 들어가려면 많은 환난을 겪어야 한다(행 14:22). 그러나 하나님을 기쁘시게 하는 것을 환난으로 여기거나 그리스도를 우리 목에 쇠 멍에를 매게 하시는 분으로 여기지 말자. 성령께서는 우리 때문에 늘 근심하실 뿐이라고 생각하지 말자. 예수님이 그분 앞에 놓인 기쁨 때문에 십자가를 견디셨다는 것(히 12:2)을 기억하자.

축도

내가 목사로서 좋아하는 일 중 하나는 아주 단순하고 금세 끝나는 일이다. 나는 예배의 마지막에 축도하는 것을 좋아한다. 축도는 교인들이 이제 바깥에 나가서 커피를 마시거나 주일학교에 참석할 수 있도록 하기 위한, 별 의미 없이 하는 마무리 멘트가 아니다. 축도는 하나님이 그분의 백성에게 복을 내리시도록 비는 거룩한 진술이다.

여호와는 네게 복을 주시고 너를 지키시기를 원하며 여호와는 그의 얼굴을 네게 비추사 은혜 베푸시기를 원하며 여호와는 그 얼굴을 네게로 향하여 드사 평강 주시기를 원하노라. (민 6:24-26)

나는 예배를 마칠 때 대부분 이 말씀으로 축도를 한다. 나는 하나님이 부어주시는 은혜의 통로가 되기를 바라며 두 팔을 넓게 편다. 교인들은 자리에서 일어선다. 그 중 상당수는 하나님이 주시는 모든 복을 받기를 바라는 마음으로 두 팔을 쭉 편다. 예배가 끝날 때마다 하나님의 백성은 야곱 같은 자세를 취해야 한다. "저에게 복을 주시지 않으면 보내드릴 수 없습니다"(창 32:26, 쉬운성경).

깨닫든 깨닫지 못하든, 우리 모두에게는 축도가 필요하다. 우리는 하나님이 우리와 함께하신다는 것을 알아야 한다. 하나님이 보고 계신다는 것을 알아야 한다. 하나님이 구원하신다는 것을 알아야 한다. 그리고 하나님이 우리에게 미소 지으신다는 것을 알아야 한다.

일반 색인

ㄱ

가정생활 · 170
거짓 스승들 · 63
결혼 · 111, 170, 171, 180
겸손함 · 106
경건 시간 · 75
고넬료 · 121
공동체 · 63, 64, 98
공산주의 · 98
공예배 · 75
공적 미덕 · 124
공적 비판 · 124
과거의 죄 · 126
과잉행동 · 175
구원의 확신 · 44, 47, 51, 52, 56-58, 62, 64
그리스도를 닮은 성품 · 158
『그리스도인의 구멍 난 거룩』 · 20
극빈 · 176
급진적 · 29, 98, 99, 168
급진적 제자도 · 171
기술 · 41, 153

ㄴ

나다니엘 호손 · 110
나아만 · 94
니체 · 113, 114

ㄷ

대위임령 · 79, 80, 81, 137
데메드리오 · 100
데오빌로 · 91, 104
도르가 · 99
도르트 신경 · 56
두기고 · 164
디모데 · 74, 106, 164, 173

ㄹ

루이스, C. S. · 159, 160
루디아 · 98, 99, 101

ㅁ

마리아의 찬가 · 93
마태 · 132, 133, 134
마틴 로이드 존스 · 136
맥체인성경읽기표 · 73

멍에 · 40, 144, 181
문해율 · 177
민주 국가 · 177

ㅂ

바나바 · 103, 104
버시 · 164
번영 · 89, 176, 179
베스도 · 91, 121
베이브 (영화) · 26
벨릭스 · 91, 121
보상 · 30, 89
복음연합 · 50
복음주의 · 175
부자 관원 · 102
불순종 · 36, 41, 83
불완전함 · 60
불의 전차 (영화) · 26
브리스가와 아굴라 · 164
빌레몬 · 164

ㅅ

사과 · 116
사드락과 메삭, 아벳느고 · 39
사렙다의 과부 · 93
사적 소유 · 98
삭개오 · 102, 103, 116
산상설교 · 129, 130, 131

산업혁명 · 176
서기관과 바리새인들 · 122, 138
선한 사마리아인 · 94, 115, 159
선한 싸움 · 23, 36
선한 일 · 34, 56, 148
성적 매매 · 99
성화 · 40, 49, 60, 146
세금 · 116, 117
세례 요한 · 93, 117
수동성 · 169
수치 · 112
스가랴 · 122
스다구 · 164
시몬 · 99
시시포스 · 69
심판자 · 111, 141, 149, 150
십계명 · 20, 73, 115, 135

ㅇ

아나니아와 삽비라 · 103, 104
아리마대 사람 요셉 · 96
암블리아 · 164
약함 · 59
양심 · 58, 111, 112, 141, 142
양심의 가책 · 141, 142
어리석은 부자 · 95
에릭 리델 · 14
에바브로디도 · 148, 164

에배네도 · 164
에베소 · 100
에스더 · 39
영생 · 33, 45, 46
영성 훈련 · 75
영적 패배주의 · 23
예수님을 기쁘시게 하는 것 · 142
예수님의 권위 · 143
예수님의 제자 · 17, 41, 135
오만한 부자 · 97
온유 · 106, 154
완전주의 · 34
외향인 · 78, 81
용서 · 111, 140
우리 삶의 열매 · 55, 64
우선순위 · 154, 155
웨스트민스터 신앙고백서 · 56, 57, 59
위대한 쇼맨 (영화) · 68
윌리엄 캐리 · 82
윌프레드 맥클래이 · 113, 114
의로운 삶 · 45, 46
의심 · 50, 56, 59, 62, 65
이웃 · 51, 53, 84, 127, 154

ㅈ

자비 · 141
전가된 의 · 147

전염병 · 177
정의 · 62, 157
정적주의 · 175
조다난 에드워즈 · 82
조용한 삶 · 158, 167, 174
조지 휫필드 · 33, 82
좁은 문 · 36, 130, 138, 139, 141
주기도문 · 130
주홍 글자 · 110, 111, 112
집단적 죄책감 · 70, 127
집단적 참회 · 123
집단적 책임 · 119, 122

ㅊ

착하고 충성된 종 · 27, 162, 163
책임 · 114, 118-123, 153, 159
청교도적 뉴잉글랜드 · 111
청지기 · 89
체스터턴, G. K. · 88
축도 · 181, 182

ㅋ

캐서린 뎀로 · 161, 162

ㅌ

탕자 · 95

ㅍ

평범한 삶 · 169, 173
프랑수아 투레티니 · 60, 61
프로이트 · 113, 114
피터 드러커 · 155

ㅎ

하늘 아버지의 기쁨 · 151
행복 · 77, 175, 179
환대 · 84, 154
황금률 · 137

성경 색인

창세기
12:1-3 · 78
18:19 · 74
32:26 · 182

출애굽기
20:5-6 · 125
22:1 · 116

민수기
6:24-26 · 182

신명기
6:5-6 · 74
15:5 · 99
24:16 · 126

역대상
29:17 · 147

역대하
6:12-42 · 123
7:13-18 · 123

에스라
9-10장 · 123

느헤미야
1:4-11 · 123
1:6 · 123

에스더
4:14-16 · 39

시편
46:10 · 173
51:16-17 · 151
78:4 · 74
119편 · 74
147:10-11 · 148
149:4 · 151

전도서
7:20 · 34

이사야
53:9 · 96

64:5 · 62
64:6 · 62

예레미야
17:9 · 62
29:4-7 · 171
31:29-30 · 124

에스겔
18:4-9 · 125
18:25 · 125

다니엘
3:17-18 · 39
9:3-19 · 123
9:20 · 123

마태복음
1:1-2:23 · 132
1:21 · 134
2:1-4:25 · 132
7:21-23 · 134
4:17 · 139
5-7장 · 130
5:1 · 135
5:1-7:29 · 132
5:3 · 134, 140
5:4 · 140
5:10 · 134
5:11 · 143
5:20 · 138
5:21-22 · 143
5:22 · 138
5:29 · 138
6:6 · 74
6:10 · 134
6:11 · 74
6:12 · 140
7:7-11 · 74
7:13 · 36
7:13-14 · 138
7:17-20 · 138
7:21 · 134, 138
7:24 · 140, 143
7:24-27 · 138
7:28-29 · 132, 143
8:1-10:4 · 132
10:5-11:1 · 132
11:1 · 132
11:2-12:50 · 133
11:20-24 · 144
11:30 · 40
13:1-53 · 133
13:53 · 133
13:54-17:27 · 133
16:24 · 38

16:25 · 41
18:1-19:2 · 133
19:1-2 · 133
19:3-23:39 · 133
24:1-25:46 · 133
25:1 · 29
25:13 · 29
25:14-30 · 28
25:21 · 29
25:23 · 29
26:1-5 · 133
28:16-18 · 80
28:19-20 · 78
28:20 · 144

마가복음
1:15 · 38
1:35 · 74

누가복음
1:3 · 91
1:6 · 41
1:51-53 · 93
3:13 · 117
3:14 · 117
4:18 · 93
4:27 · 94
5:27-29 · 94

6:36 · 140
10장 · 94
11:1 · 75
13:24 · 36
14장 · 95
14:25-33 · 38
15장 · 95
16장 · 95
16:8-9 · 96
16:19-21 · 96
18장 · 102
18:24-25 · 102
18:26 · 102
18:27 · 102
19장 · 102
19:8 · 102
23:50-53 · 96
24:49 · 80

요한복음
1:12-13 · 33
3:5 · 33
6:44 · 33
15:18-19 · 29

사도행전
1:1 91
1:4 · 80

1:8 · 80
2장 · 119
2:44 · 97
3:11-16 · 120
3:19 · 120
3:26 · 91
4장 · 103
4:32 · 97
4:34 · 97
4:37 · 98
5장 · 103
5:1-2 · 104
5:4 · 98
5:5-10 · 104
7:51-53 · 122
8:20 · 144
10:39 · 121
13:27 · 121
14:21-23 · 79
14:22 · 181
16장 · 101
16:11-15 · 99
16:16-24 · 100
17장 · 100
17:4-12 · 100
18장 · 121
19장 · 121
19:18-19 · 100

19:28-29 · 101
23장 · 121
23:1 · 142
23:26 · 91
24장 · 121
24:16 · 142
25장 · 121
26장 · 121
26:25 · 91

로마서

2:15 · 141
3:10 · 33
3:23 · 33
3:28 · 33
5:12-21 · 33
6장 · 45
7:18-20 · 57
8:13 · 36
9:1 · 142
10:14-15 · 78
12:1-2 · 40
16장 · 164

고린도전서

4:4 · 141
6:9-10 · 139
7:12-16 · 79

9:26-27 · 23
13:4-7 · 155
14:23-25 · 79
15:10 · 65

고린도후서
1:12 · 141
1:12-14 · 164
3:18 · 40
5:9 · 151
5:21 · 147
12:1-10 · 59
13:5 · 55

갈라디아서
1:8 · 79
5장 · 45
5:16-24 · 118
5:22-23 · 154

에베소서
2:8-9 · 34
3:20 · 41
5:10 · 152
6:4 · 74
6:12 · 36
6:21 · 164

빌립보서
2:16-18 · 164
2:25 · 164
4:18 · 148

골로새서
1:10 · 148
3:9 · 37
3:12-15 · 154
3:20 · 148
4:14 · 164

데살로니가전서
1:8 · 79
2:13-16 · 79
2:19-20 · 164
4:1 · 152

데살로니가후서
3:1 · 79

디모데전서
1:5 · 142
1:19 · 58
2:1 · 148
2:1-2 · 173
4:13 · 74
5:4 · 149

6:12 · 36
6:17-19 · 106

디모데후서
1:3 · 142
3:12 · 38
3:15 · 74
4:1-2 · 78
4:5 · 78
4:7 · 23
4:8 · 24

디도서
1:4 · 164
2:10 · 79

히브리서
12:2 · 181
12:14 · 139
13:16 · 149
13:21 · 152

베드로전서
1:1 · 171
3:15 · 79
4:12 · 38

베드로후서
1:5-7 · 155

요한일서
1:8 · 34
1:9-10 · 45
2:4 · 46
2:5-6 · 53
2:6 · 46
2:12 · 63
2:22 · 44
2:28 · 64
3:1 · 64
3:6-9 · 45
3:10 · 54
3:14 · 54
3:19 · 54
3:21 · 58
3:22 · 149
3:24 · 45
4:2 · 45
4:7-12 · 46
4:14-16 · 45
4:20 · 46
5:1 · 45
5:2 · 46
5:5 · 45
5:10 · 44

5:11-13 · 44
5:21 · 63

유다서
22절 · 57

요한계시록
2:7 · 59
2:11 · 59
2:17 · 59
2:26 · 59
3:5 · 59
3:12 · 59
3:21 · 59
5:9-10 · 78
7:9-10 · 78
11:15 · 140
21:8 · 139

옮긴이 **홍종락**

서울대학교 언어학과를 졸업하고, 한국 사랑의집짓기운동연합회에서 일했다. 지은 책으로는 『C. S. 루이스의 인생 책방』과 『악마의 눈이 보여 주는 것』(이상 비아토르), 『오리지널 에필로그』(홍성사)가 있으며, 옮긴 책으로는 『순전한 기독교』와 『영광의 무게』, 『피고석의 하나님』(이상 홍성사), 『가장 위대한 성경 이야기』(성서유니온), 『잘 산다는 것』, 『경이로운 세상에서』(이상 복있는사람), 『폐기된 이미지』(비아토르) 외 다수가 있다.

2009년 '크리스채너티 투데이 한국판 번역가 대상'과 2014년 한국기독교출판협회 선정 '올해의 역자상'을 수상했다.

불가능한 기독교

초판 1쇄 인쇄 2024년 10월 14일
초판 1쇄 발행 2024년 10월 21일
지은이 케빈 드영 | 옮긴이 홍종락
기획 교사선교회 출판위원회 | 편집 강민영
디자인 이명선 | 제작 추우천 | 총무 이성경 | 인쇄 성광
펴낸곳 템북 | 펴낸이 김선희
주소 인천 중구 흰바위로59번길 8, 1036호
전화 032-752-7844 | 팩스 032-752-7840
이메일 tembook@naver.com | 홈페이지 tembook.kr
출판등록 2018년 3월 9일 제2018-000006호
ISBN 979-11-89782-15-3 03230

※ 책값은 뒤표지에 있습니다. 잘못된 책은 구입하신 곳에서 교환해드립니다.